교
양
의

시
대

교양의
시대

왜 우리는 지금 교양인이어야 하는가?

데구치 하루아키 지음 | 이소영 옮김

WILLCOMPANY

차
례

이 책은 교양을 주제로 한 책이다. 교양이라고 하면 여러 가지 지식과 정보를 많이 알고 있는 것을 뜻한다고 생각할지도 모른다. 하지만 교양은 그런 것이 아니다.

샤넬의 창업자 코코 샤넬이 이렇게 말한 적이 있다.

"나처럼 대학도 안 나오고 나이 든 무지한 여자도 길가에 핀 꽃의 이름을 하루에 하나씩은 외울 수 있다. 이름 하나를 알면 세상의 수수께끼 중 하나가 풀린다. 그만큼 인생과 세상이 단순해진다. 그래서 인생은 즐겁고 삶은 멋지다."

정말 멋진 말이 아닌가! 하루에 하나씩 세상의 수수께끼를 풀어간다……. 샤넬은 '오늘은 또 어떤 수수께끼가 풀릴까?' 하며 매일을 살았다. 단순히 꽃의 이름, 풀의 이름을 아는 것이 아니라 그것을 앎으로써 인생을 풍부한 색채로 채워갔다.

교양이란 샤넬과 같은 삶의 방식을 지칭하는 말이다. 사람은 나이가 들어도 세상이 궁금하고 그 수수께끼를 풀고 싶어 하는 마음을 지니고 있다. 호기심이라고 부르는 바로 그것이다. 그러한 마음이 사람의 교양을 깊어지게 하는 강력한 엔진이 된다.

때때로 "교양 있는 사람이 되려면 책을 몇 권이나 읽어야 할까요?" 하는 질문을 받는다. 그럴 때마다 나는 샤넬의 말을 인용해 "교양이란 살아가는 방식의 문제이지요" 하고 대답한다. 지식 또한 중요하지만, 지식이 곧 교양은 아니다. 이 책의 기본적인 정체성은 여기에 있다.

교양이란 글로벌 비즈니스 사회를 살아가는 데 무기가 되기도 한다. 넓은 세계로 눈을 돌리면 해외 각국에서 일본 이상으로 다양한 교양을 필요로 한다. 그리고 아쉽게도 일본의 리더들은 세계표준에 비춰보면 교양 점수가 꽤 낮다. 우리는 아직 그 사실을 실감하지 못한다. 예전에 《일본경제신문》의 인기 칼럼 〈나의 이력서〉(2014년 9월)에 장 클로드 트리셰 전 유럽중앙은행 총재가 등장했다. 거기에는 총재가 소년 시절부터 시인이었다는 이야기가 담겨 있었다.

아마 세계의 기준이 되는 무대에 서게 된다면 현재 일본의 평균적인 기업 간부들은 꽤 고생할 것이고, 고생한 것에 비해 초라한 성과를 낼 것이다. 교양은 인생을 풍부하게 하고, 교양의 유무가 비즈니스의 성과를 좌우하는 것이 냉엄한 현실이다. 현재 일본은 그런 현실을 직시하고 어떤 무대에서도 통용되는 국제적 인재를 육성해야 하는 시기에 다다른 것은 아닐까?

이 책은 그런 흐름에 도움이 되었으면 하는 마음에서 지금까지 내가 공과 사에 걸쳐 경험해온 일들을 하나둘 적어 내려간 것이다. 책 속의 내용은 모두 내가 직접 체험하고 체득한 원리원칙이다. 그러므로 모든 사람에게 맞아떨어지지는 않을 것이다. '반드시 이렇게 살아야만 한다'고 말하는 것이 아니다. 어디까지나 '내가 이렇게 살아보니 참 좋았고, 그 방법을 이야기할 테니 받아들일지 말지는 당신이 직접 생각해서 결정하세요' 하는 것이 이 책의 기본적인 입장이다. 나는 가치관을 강요하는 것을 제일 싫어한다.

그래도 이 책의 적지 않은 부분이 많은 사람, 특히 젊은이들에게 도움이 될 것이라고 믿는다. 나의 서툰 경험이 독자 여러분의 인생을 긍정적으로 바꾸는 데 조금이라도 기여한다면 저자로서 더 바랄 것이 없겠다.

끝으로, 라이프넷생명을 경영하는 것만으로도 힘겨워하는 내가 이 책을 세상에 내놓을 수 있었던 것은 거의 모든 작업에 힘써주신 고기타 준코 씨와 후지타 데쓰오 작가 덕분이다. 두 사람과 처음 인터뷰를 한 것이 2014년 봄이었는데, 어느새 이렇게 완성된 책을 손에 들고 보니 한층 감격스럽다. 다시 한 번 두 사람에게 깊은 감사를 표한다. 고기타 씨, 후지타 씨, 정말 고맙습니다.

2015년 8월

(주)라이프넷생명보험 회장 겸 CEO

데구치 하루아키

1장

교양이란
무엇인가?

**인생을
즐겁게
하는 도구**

교양이란 무엇인가? 어째서 인간에게는 교양이 필요할까? 혹시 이런 질문을 받는다면 나는 이렇게 대답할 것이다.

"교양이란 인생을 살아가며 느끼는 두근거림, 재미, 즐거움을 늘리기 위한 수단이다."

보다 가슴 뛰는 인생, 보다 재미있는 인생, 보다 즐거운 인생을 살며 후회 없이 생을 마치기 위한 수단. 그것이 교양의 본질이자 핵심이다.

'저 사람은 대단한 교양인이야' 하는 식의 평가는 별로 중요하지 않다. 교양은 세간의 평가를 높이거나 관록을 쌓기 위한 것이 아니라 자신의 인생을 풍요롭고 행복하게 하기 위한 것이다. 그래서 교양을 쌓으면 인생이 더 즐거워지는데 어째서 아무것도 하지 않는지 되묻고 싶어진다.

일본인은 마음의 깊이가 부족하다. 특히 전후 일본인이 더욱 그렇다. 황폐해진 땅에서 재기해 어떻게든 미국을 따라잡으려고 노력한 시기가 길었기에 어쩔 수 없는 측면도 있다. 그렇다고 해도 관심사가 경제와 경영 쪽으로 지나치게 기울어 있다는 생각을 지울 수 없다.

옛날에는 일본인도 지금보다 더 인생을 즐기며 살았다. 무로마치시대[1]에는 기묘한 옷차림을 한 무사가 많았다. 그들을 '바사라 다이묘'[2]나 '가부키모노'[3]라고 불렀다. 지금으로 말하면 펑크 패션이랄까. 일본인은 인생을 즐기며 살던 민족이었다.

그런데 전쟁 이후 그런 감각에서 너무 멀어져버린 것 같다. 인생을 즐기려는 마음가짐이 있으면 마음의 폭이 넓어지고 매력이 깊어지며 인간으로서 성숙할 수 있다. 결론적으로 말하면, 교양이란 그것을 위한 수단에 지나지 않는다.

- - - - - - - - - - - - - - -
1. 무로마치 막부가 일본을 통치하던 1336~1573년 시기.
2. 신분질서를 무시하는 하극상적인 행동, 화려한 복장과 자유로운 행동거지를 즐긴 이들을 말한다.
3. 무로마치시대부터 에도시대(1603~1867년)에 걸쳐 색다르고 화려한 차림을 한 채 남의 눈을 끄는 언동을 일삼던 이들을 말한다.

지식은 수단,
교양은 목적

교양을 몸에 익히려면 지식이 어느 정도 필요하다. 교양과 지식은 불가분의 관계라 해도 좋을 것이다. 하지만 조심할 것은, 지식은 어디까지나 도구이며 수단에 지나지 않는다는 것이다. 결코 지식의 향상 자체가 목적이 될 수는 없다.

지식이 필요한 것은 그로 인해 인생의 즐거움이 늘어나기 때문이다. 축구를 모르는 사람은 월드컵 중계방송을 봐도 전혀 즐길 수 없지만 축구를 아는 사람에게는 그 시간이 최고의 시간이다. 지식은 흥미의 범위를 넓혀준다. 이것이 '교양화된 지식'이다.

별로 흥미 범위를 넓히고 싶은 마음이 없고 즐거운 일은 하나만 있어도 충분하다고 생각할지도 모른다. 물론 그것도 나름대로 괜찮지만 흥미의 대상이 많으면 많을수록 자신이 정말 좋아하는 것, 몰두할 만한 것을 찾아낼 수 있는 확률이 높아진다. 선택지가 넓기 때문이다. 자신이 정말 좋아하는 일을 찾는 것은 의외로 어렵다. 그러니 재미있는 일이 많아져서 해가 될 리는 결코 없다.

즐길 거리가 하나로 충분하다고 생각하는 사람은 음식을 먹어보지도 않고 편식하는 것과 같다. 먹어보면 엄청나게 맛있는 밥상도 먹지 않으면 어떻게 그 맛을 알겠는가?

얼마 전 있었던 일이다. 한국 드라마가 한창 유행하던 때에 지인 중 하나가 제대로 드라마를 본 적도 없으면서 "그런 게 뭐가 재미있다는 건지" 하고 말했다. 그러던 사람이 우연히 〈대장금〉을 보고 나더니 흠뻑 빠진 게 아닌가. 빠지다 못해 결국 촬영지로 여행까지 다녀왔을 정도다. 게다가 그 사람은 굳이 말하자면 한국을 싫어하는 부류에 가까웠는데, 드라마 〈대장금〉 때문에 그런 생각이 완전히 바뀌었다.

뭔가를 아는 것에는 싫어하는 마음을 줄이는 효과도 있다. 선입견으로 인한 혐오를 지울 수 있다면 다양한 곳에서 서로 이해가 깊어지는 기회가 될 것이다.

교양은 내 머리로 생각하는 것

교양의 본질 중 또 하나는 '내 머리로 생각하는 것'이다. 저명한 과학 저술가인 야마모토 요시타카는 공부의 목적에 대해 이렇게 말했다.

"전공이든 전공 외의 것이든 자신의 머리로 생각하고 자신의 말로 자신의 의견을 표명하기 위한 것, 오직 그뿐입니다. 그래서 공부를 합니다."

이 당연한 일이 이제는 외면당하고 있다.

꽤 오래전의 일인데, TV 광고에서 일본선박진흥회(현 일본재단)

의 사사카와 료이치가 아이들 여럿과 큰 원을 만들고서 "세계는 한 가족, 인류는 모두 형제"라는 메시지를 전한 적이 있다. 그리고 그 광고 시리즈 중에는 사사카와 료이치와 아이들이 딱따기를 두드리며 거리를 걸어가는 버전이 있는데 거기에서는 "문단속하세요, 불조심하세요"라는 메시지가 나왔다.

나는 별생각 없이 광고를 보았는데 영국인 친구가 이 광고를 정상이 아니라고 말하는 것이다. 놀라서 왜냐고 물으니 대답이 이랬다.

"'인류는 모두 형제'라고 외치던 사람이 다른 곳에 가서는 '문단속하자'고 외친다? 모순되지 않나? 만약 인류가 모두 형제라면 문단속 따위는 필요 없고, 문단속이 필요하다면 인류가 형제라고는 말할 수 없지 않은가."

잠시 멍했지만 듣고 보니 그 말이 옳았다. 그냥 멍하니 광고를 본 나는 아무런 의문도 품지 못했는데 친구는 보자마자 이상하다는 것을 눈치챈 것이다.

그 광고를 안다는 점에서 나와 친구는 동일하다. 즉 지식의 차이는 없다. 하지만 내가 그냥 받아들인 것에 비해 친구는 광고의 모순을 눈치챘다. 아는 것만으로는 충분하지 않다. 지식에 더해 그것을 소재로 삼아 자신의 머리로 생각하는 것이야말로 진짜 교양이다.

사소한 일이지만 지식을 갖고도 내 머리로 생각하지 않으면 남의 말에 휩쓸리게 된다는 것을 깨닫고 크게 반성하게 해준 사건이었다. 그 후로는 들리는 이야기의 정합성에 대해 조금 더 생각하게 되었다.

이해가 될 때까지 생각하고 또 생각하라

자기 머리로 생각할 때는 이해가 되는지 아닌지가 판단의 지표가 된다. 혼자 곰곰이 생각해 수긍이 가면 우리는 이해하게 된다. 이해한다는 이 감각은 정말 중요하다.

그런데 요즘은 이 감각조차 경시하는 풍조다. 예를 들어 잘 모르는 테마나 사건을 만났는데 누가 그것에 관해 설명해주면 들은 내용만으로 그것을 다 이해한 듯한 기분이 되어버리지 않나?

특히 요즘은 손쉽게 정답을 얻으려는 경향이 있으며, 그에 맞추어 잘 정리된 정답과 언뜻 보아 정답으로 보이는 정보가 인터넷 공간 등에 넘쳐난다. 랭킹 정보며 베스트셀러 정보가 딱 맞는 예다. 또 정보를 간략하게 정리해 방송하는 TV 프로그램도 많다. 사람들은 마치 편의점에서 물건을 사듯 떼 지어 정답 정보에 모여들고, 그러고 나서는 진실을 다 알게 된 양 여긴다.

다른 사람이 해주는 이야기를 잠깐 들은 것만으로 정말 안다고 결론짓는 것은 안이한 해결법이나. 유명인의 책을 읽고 "과연 그렇군!” 하며 감탄하고, 다음날에는 반대되는 의견을 말하는 사람의 책을 읽고 “지당한 말씀!” 하고 받아들이는 것은 아무 의미도 없다. 자기 머리로 생각해서 정말 이해하고 마음으로 받아들일 수 있는지가 중요하다.

　나는 다른 사람의 이야기를 듣고 바로 알겠다며 수긍하는 일이 거의 없다. 마음속 깊은 곳에서 수긍하기 전까지는 ‘그렇게 생각할 수도 있겠네’ 하는 정도로 보류해놓는다. 부정도 하지 않는다. 서둘러 결론짓고 수긍하는 것은 착각과 실수로 이어진다.

　정말 이해가 될 때까지 자신의 머리로 생각하고 또 생각하고 있는가? 우리는 조금 더 신중해질 필요가 있다.

쉽게 수긍하지 말고 계속해서 탐구하라

　요약정리된 해답을 쉽게 받아들이는 것은 그것이 더 편하기 때문이다. 그러나 이는 부실공사나 마찬가지다. 세간에서 일어나는 일들은 대부분 명쾌한 해답이 없다. 그것이 인생이다. 여러 가지 정보를 깎아내고 정돈된 형태로 만들어내면 명쾌해 보이기는 한다. 하지만 그 깎여나간 부분 속에 핵심이 있을 수 있고, 모양을 가다듬기 위해 억지로 추가된 내용이 있을 수도 있다.

명쾌하지 않은 정보를 여기저기서 수집해 머릿속에서 검증하고 이해하는 것을 나는 '자기 머리로 생각하는 것'이라고 부른다. 사물이나 상황을 오인하지 않기 위해 정말 중요한 작업이다. 내 성격이 원래 조금 비딱해서인지 어렸을 때부터 이런 태도를 쭉 관철해왔다.

어딘지 모르게 이해가 안 가는 느낌이 조금이라도 있다면 쉽게 수긍하지 말고 탐구를 계속해야 한다. 사물을 다른 시각에서 보거나 조금 더 정보를 찾아보는 등, 우리가 정보를 얻을 수 있는 방법은 정말 다양하다. 계속해서 탐구하는 동안 진짜 이해가 가는 사실을 찾을 수 있을 것이다. 그때 수긍해도 늦지 않다. 인간은 명확히 이해를 해야 의욕적이고 주체적으로 그 일에 나설 수 있다.

나는 강연을 할 때 젊은이들에게 가끔 묻는다.

"만약 당신이 정말 좋아하는 남자친구나 여자친구가 있는데 부모님이 교제를 반대한다면 어떻게 할 것인가?"

거의 모든 젊은이가 '부모님의 말을 듣지 않겠다'고 답한다. 어째서 부모의 반대를 무시하는지 물으니 '내가 그 사람을 정말 좋아한다는 확신이 있기 때문'이라고 한다. 자신의 감정을 명확히 안다는 것이 행동력과 활력의 원천이 되고, 부모의 반대를 무릅쓰고라도 계속 만날 수 있는 용기를 갖게 하는 것이다.

결정장애는 생각이 부족한 탓이다

조금 어려운 정책 등에 대해 설문 조사한 내용을 보면 '어느 쪽도 아니다'라는 답변이 꽤 많고, 이런 경향이 계속 증가하고 있다. 환태평양경제동반자협정(TPP) 문제를 예로 들어보자. "TPP에 참가해야 하는가?"라는 문제에 대해 찬성파의 말을 들으면 그 말이 일리 있다고 생각하고, 반대파의 말을 들으면 그것도 지당하다고 생각해버리는 식으로 자기 의견을 정하지 못하는 사람들이 대단히 많다. 이럴 땐 어떻게 해야 할까?

까다롭게 들릴지 모르지만 '어느 쪽도 아니다'를 고르는 이유는 대부분 생각이 부족하기 때문이다. 그 문제를 정면으로 보고 충분히 생각한 적이 없거나 주제에 대해 지니고 있는 정보가 적은 것이 진짜 원인인데, 그저 복잡한 문제라는 것을 핑계 삼아 자기 자신을 속이고 있는 것이다. 어떤 일에 쉽게 수긍해버리는 것도 안 될 일이지만 생각이 부족해서 자기 의견을 정하지 못하는 것도 큰 문제다.

'어느 쪽도 아니다'에 체크하기에 앞서 우리는 그 문제를 얼마나 진지하게 생각해봤을까? 그것에 관한 책을 1권이라도 읽어보았나? 딱히 고민도 해보지 않고 '어느 쪽도 아니다'라고 말하고 있는 것은 아닐까?

일본인이 교양이 부족한 원인은 바로 이렇게 사고가 부실해서

다. 단적으로 말해 공부가 부족한 것이다. 별 노력 없이 손쉬운 답에 편승하려는 풍조가 너무나 강하다. 이래서야 자기 머리로 생각하는 일은 딴 세상 이야기일 수밖에 없다.

또 일본인은 제2차 세계대전 패전의 아픈 기억을 완전히 씻어 내고 싶어서인지 무슨 일에 대해서든 '말끔히, 깨끗이' 하려는 경향이 있다. 그래서 어떤 일을 놓고 끈질기게 고민하는 것을 별로 좋아하지 않는다. 오히려 집요하게 고민하는 사람을 싫어하는 분위기마저 감돈다. 그래서 한 가지 주제를 놓고 차분히 오래 탐구하지 않는다. 한때는 전 국민의 관심을 받던 일도 금방 흥미가 식고 잊혀버린다. 정치, 경제 같은 중요한 문제도 마치 유행처럼 나타났다가 어느새 사라진다.

잠깐 유행하는 표면적인 부분에만 관심이 머문다면 언제까지고 '어느 쪽도 아니다'라는 의미 없는 답만 하게 될 것이다. 이제 우리는 자신의 이런 미흡함을 자각해야 하지 않을까?

반대를 위한 반대에 빠져 있지 않은지

자기 의견을 정한 후에도 함정은 있다. 어떤 주제에 대해 반대라는 결론에 도달했다고 해보자. 이때 조심해야 할 것은 '반대를 위한 반대'에 빠지지 않았나 하는 점이다.

반대를 위한 반대는 사회적으로 입지가 높은 사람들에게 특히 잘 나타난다. 일부 정치가들이 그렇다. 기세 좋게 반대 목소리를 낼수록 자신에 대한 지지가 높아질 거라고 착각하는 것인지 늘 큰 목소리로 반대만 외치고 보는 정치가가 있다. 하지만 이런 정치가에게 공격과 수비의 입장을 바꾸어 "그럼 당신이 해보시오!" 하면 아마 적절한 해답을 내놓지 못할 것이다.

반대를 위한 반대를 하는 사람은 해당 문제의 전체상을 보지 못한다. 아주 부분적인 모순만 발견해 반대하는 목소리를 높이는 것에 지나지 않는다. 하지만 본인은 그 사실을 자각하지 못하고 이상하다며 열심히 지적을 하고 주변 사람들에게 휘둘려 넘치는 의욕만 발산하니 일의 진행에 걸림돌이 될 뿐이다.

그 사람에게 악의가 없다 하더라도 이런 인간은 결국 무책임하다. 부분적으로는 정확한 주장을 해서 일시적인 공감을 얻을지 모르나 결코 진짜 교양인이라고 보기 어렵다. 우리가 사는 사회는 삐뚤삐뚤한 조각들이 모여 하나의 안정적인 상태를 형성한다. 삐뚤어진 조각을 지적할 것이 아니라 전체의 안정 상태를 파악하는 것이 중요하다.

이제 우리는 교양인이 되어야 한다

다양한 지식을 쌓으면 그로 인해 새로운 세계에 눈뜨고 인생이 즐겁고 충실해진다. 자기 머리로 생각해 마음으로 이해가 가는 진짜 정답을 발견하고, 더 좋은 사회를 만들기 위해 행동으로 옮기면 그것이 결국 자신의 생활이 향상되는 것으로 이어진다. 아득한 여정으로 느껴질지 모르나 이것이 바람직한 삶의 방식이다. 교양이란 이 인생의 PDCA(Plan → Do → Check → Act) 사이클을 돌리기 위한 수단이다. 단순히 지식을 많이 쌓은 만물박사는 그저 지식광(狂)에 지나지 않는다.

이제 우리는 교양인이 되어야 한다. 앞으로 이 책에서 그 이유를 설명하겠지만 결론을 먼저 말하자면, 지금까지의 따라잡기식 경쟁사회에서 해온 것처럼 생각과 고민 없이 지내다간 사회도 개인도 지속할 수 없다. 교양이야 어차피 좀 사는 사람들의 관심사일 뿐 자기하고는 상관이 없다고 생각하는가? 아니다. 당장 오늘부터라도 교양을 몸에 익히기 위한 공부를 시작해보자.

2장

교양은 살아남기 위한
절대적인 조건이다

겸허하지 않으면
교양을 얻을 수 없다

앞에서 일본의 리더들은 세계표준에 비춰보면 교양 점수 미달이라고 말했다. 그런데 일본에 살고 있으면 좀처럼 그 사실이 와 닿지 않는다. 대부분 일본인의 교양 수준이 꽤 높다고 생각한다. 그런데 현실은? 타인의 눈으로 본 일본인의 모습은 어떨까? 일본인은 어느 위치에 서 있는가? 우선은 지기(知己), 즉 나를 알아야 한다.

요즘 "데와노카미는 이제 그만"이라고 말하는 사람들이 늘고 있다. 무슨 뜻인고 하니 '미국에서는, 유럽에서는'처럼 '~에서는'으로 시작하는 말로 외국의 사례를 갖고 들어와 거기서 정답을 구하는 것은 이제 그만하자는 말이다.

하지만 이 말도 해외의 사정을 비판 없이 받아들이기보다는 자기 머리로 잘 생각해 받아들이자는 문맥을 담고 있으며, 다른 나라의 사정을 알리는 것 자체를 반대하는 것은 아니다. 세계의 실정을 알면 사고의 내용과 사건에 대한 결론이 크게 달라질 수 있다.

배움을 귀찮게 여겨 이제 더 이상 다른 나라에서 배울 것이 없다고 단정짓는 것은 단순한 배척에 지나지 않으며 이는 실로 편협한 사고방식이다. 세계의 사정을 잘 알아도 살기 힘든 세상인데, 잘 알지도 못하면서 자신감만 넘치니 이것은 거만함이라고밖에 할 수 없다.

고대 그리스의 철학자 소크라테스는 무지의 지를 제창했다. 우리도 '아직 모르는 것이 너무 많다, 세계는 넓다'는 인식에서부터 출발해야 한다. 무릇 겸허하지 않으면 교양을 얻을 수 없는 법이다.

함께 있으면 재미있는 사람

라이프넷생명을 창업하기 전 나는 일본생명에서 근무했다. 그 시절 런던에 3년간 주재했고, 그 후 도쿄에서도 3년간 국제사업을 담당했다. 그렇게 합해서 6년간 주로 외국인을 상대로 일을 했다.

그때의 경험으로 통감한 것은 대부분 박사, 석사인 외국의 리더들에 비해 일본의 비즈니스 리더들은 교양이 너무나 부족하다는 점이었다. 일본의 대학 진학률은 50%를 넘었으며 선진국 중에서도 낮은 편이 아닌데, 실제로 외국의 리더들을 만나보면 전혀 상대가 안 된다는 것을 인정할 수밖에 없었다.

국제 비즈니스에서 인간관계는 사업의 내용 그 자체로 결정된다고 생각할지도 모른다. 서양은 계약사회이므로 더욱더 서로 이득이 되는, 이른바 윈윈 관계를 구축할 수 있는지 여부로 모든 것을 결정하고 그 외의 요소는 들어갈 여지가 없다고 생각하는 사람들이 꽤 많다. 하지만 실제로 국제 비즈니스 현장에서 가장 중시되는 것은 '인간력'이다.

윈윈 관계만 따진다면 사업 파트너로서 후보는 얼마든지 있다. 산더미 같은 후보들 중에서 파트너를 찾아낼 때 힘을 발휘하는 것은 '이 사람과 같이 일하면 재미있겠다'는 지극히 인간적인 요소다. 서양인은 이왕이면 재미있는 사람과 일하고 싶어하는 경향이 비교적 강하다.

비즈니스 관계는 아니지만 만화가 야마자키 마리가 14세 연하의 이탈리아인과 결혼한 이유도 '그 사람과 있으면 재미있기 때문'이라고 한다. 지당한 말이다. 국제 비즈니스에서도 이와 마찬가지로 '재미있는 사람'이라는 느낌을 줄 수 있는지가 중요한 열쇠다.

재미의 원천은
교양이다

재미있는 사람이 지닌 재미의 원천은 교양이다. 구체적으로 살펴보자면, 우선 어휘(vocabulary)를 꼽을 수 있다. 단순히 아는 단어가 많으면 좋다는 뜻이 아니라, 화제가 풍부해서 다양한 주제로 대화할 수 있는 어휘력이 풍부한 것을 말한다.

남자가 여자에게 데이트를 신청할 때 할 수 있는 말이 "좋아해"밖에 없다면 어떻게 보일까? 처음에는 그것만으로도 좋을지 모르지만 만날 때마다 "좋아해"밖에 하는 말이 없다면 아무리 멋진 남성이라도 '이 사람 할 줄 아는 말이 이것뿐인가?' 싶어서 머지않아 여자는 질려버릴 것이다.

재미라고 하면 일본에서는 바보스러운 행동이나 난센스 개그를 떠올리기 쉬운데, 국제 기준의 재미는 그것과는 많이 다르다. 난센스 개그도 물론 있지만, 그들이 생각하는 재미는 '흥미진진'에 가까운 감각이다. 다양한 것을 알고 있으며 타인의 생각을 자극하는, 새로운 화제로 이끌어가는 힘이 있는 사람이 재미있는 사람이다. 교양을 바탕으로 한 위트와 농담, 대화를 즐겁게 하는 추임새와 반응 같은 것도 좋다. 바보스러운 행동과 농담으로도 사람을 웃길 수 있지만 그것은 아마 웃어주는 것보다는 비웃어주는 것에 가까울지도 모른다.

'넓고 얕게'가 아니라
'넓고 적당히 깊은' 교양

어휘력 다음으로 꼽을 수 있는 것이 '넓고 적당히 깊은 지식'이다. 내가 만나본 사람 중 대단하다고 느낀 글로벌 리더는 하나같이 경제, 경영뿐만 아니라 문학, 미술, 음악, 건축, 역사 등에 대해서도 깊은 소양을 지니고 있었다. 이는 서양뿐만 아니라 세계 공통이다.

일본에서는 일반인이 잡다한 지식을 지닌 것은 넓고 얕은 지식이라고 하고, 그와 대조적으로 전문가가 지닌 것은 좁고 깊은 지식이라고 한다. 하지만 글로벌 리더는 이와 달라서 넓고 적당히 깊은 소양을 갖추고 있다. 거기에 더해 각자의 전문 분야에 대한 깊은 지식은 기본이다.

관리자급 이상의 리더들은 대부분 대학원을 졸업했고 박사, 석사 학위를 갖고 있다. 각각 다른 전공으로 2개 이상의 학위를 취득한 사람도 적지 않다. 거기에 전공과 관련 없는 문학, 역사, 자연과학에 이르기까지 각종 분야에 걸쳐 일정수준 이상의 지식을 갖고 있다. 수학의 프로이자 경제학자인 토마 피케티가 문학에도 예사롭지 않은 조예를 갖춘 것이 무척 인상적이었다.

꽤 지난 이야기지만, 2003년 후세인 정권의 이라크 공격을 둘러싸고 프랑스와 미국의 의견이 대립했을 때 당시 프랑스 외무부 장관이던 도미니크 드 빌팽이 프랑스 측의 의견을 잡지에 게

재한 적이 있다. 논리를 구축하는 방식이 대단하고 단어의 쓰임이 영리함에 놀라서 대체 어떤 사람인가 하고 조사해보니, 학창시절에 프랑스 시인 아르튀르 랭보를 주제로 박사논문을 썼고, 나폴레옹 연구자이기도 해서 장대한 전기를 쓴 이력도 있었다. 도미니크 드 빌팽은 후에 프랑스 국무총리가 되었다.

이런 리더가 드물지 않고 이곳저곳에 흔한 것이 세계 무대다. 내가 영국 주재원으로 있을 때 내셔널갤러리의 관장은 저명한 투자은행을 경영하는 베어링 가문의 일원이었다. 그들과 함께 저녁식사를 한다고 해보자. 골프와 날씨 이야기밖에 못 하는 사람과 랭보를 논할 수 있는 사람이 어떻게 다를까? 인간은 쌍방의 관심 영역이 어느 정도 겹치지 않으면 좀처럼 상대방에게 공감하기 힘들다. 상대방이 골프나 날씨 이야기밖에 못 하면 공감해줄 도리가 없으며 아무리 여러 번 식사해도 신뢰관계가 형성되지 않는다.

일본 국내에서는 지금까지도 "영업은 근성" 같은 정신론이 통용되지만 세계는 다르다. 근성이라는 개념을 이해해줄지는 모르나 "근성이 필요하다고? 그건 그렇지" 정도로 끝이다.

하지만 업무 외의 부분에서 이야기가 펼쳐지면 상황이 급변한다. 영국 주재원 시절, 내가 셰익스피어 작품은 모두 다 읽었다고 말했더니 그것만으로 갑자기 상대방과 거리가 가까워진 경험이 있다. 개인적으로 셰익스피어에게 흥미가 있어서 작품을 읽었을 뿐인데, 결과적으로 그것이 일본 경제와 금융에 관한 이야기보나

더 비즈니스에 도움이 되었다. 그 사람한테서 일을 따낸 것이다.

외국인이 일본인에게 "다도와 꽃꽂이를 배우고 있습니다"라거나 《겐지모노가타리》(일본 고전소설)는 훌륭한 작품이지요" 하고 이야기한다면 그것만으로도 그 사람과 매우 가까워진 느낌이 들 것이다. 인간관계란 원래 그런 것이다.

서양에는 그리스·로마시대 이래 리버럴 아츠(Liberal Arts)라는 개념이 있다. 인간으로서 제 몫을 하며 살기 위해 갖추어야 하는 교양을 말하는 것으로, 산술·기하·천문학·음악·문법학·수사학·논리학 등 7개 분야로 이루어진다. 인간을 노예가 아닌 자유인으로 만들어주는 학문이라는 의미에서 자유칠과(自由七科)로 번역한다.

리버럴 아츠는 오늘날에도 세계를 이끄는 리더들이 그 정신을 계승하고 있다. 리더들이 '넓고 적당히 깊은 지식'을 익히는 것이 바로 리버럴 아츠의 전통이다.

자기 의견이 있는가?

어휘력이 있고, 넓고 적당히 깊은 지식을 지니고 있어도 그것만으로는 충분하지 않다. 이에 더해 '자기 의견'이 결정적인 요소다. 일본에는 지식 자체는 풍부해도 자기 의견을 말하지 못하는 사람이 많다. 평론가처럼 이런저런 이야기를 늘어놓다가도 그 문제에 대한 당신의 의견은 무엇이냐고 물어보면 그때까지 날카롭던 혀가 둔해진다.

원래 일본에는 반대되는 것을 주장하기 어려운 풍조가 있다. 주변 사람들과 같은 의견, 같은 생각으로 보이는 것이 마찰을 일으키지 않아 편하다는 생각이다. 거기에다 "한마음 한뜻, 하나가 되어" 같은 표어도 곳곳에 붙어 있다.

하지만 다른 의견이 존재하지 않는 사회는 지극히 불건전하다. 다른 나라에서는 독특한 견해, 개성이 묻어나는 사고방식이 그 자체로 주목받는다. 그들은 '이런 말 했다가 놀림 받는 건 아닐까? 나를 이상하게 보진 않을까?' 하는 생각 따위 절대 하지 않는다. 오히려 다 큰 성인이 자기 의견 하나 제대로 말하지 못하는 것을 더 부끄럽게 여긴다.

자기 의견을 바탕으로 자기 삶의 방식을 추구하고 인생을 구가하는 것이 그들의 이상이다. 자기 의견이 없다는 것은 인생의 기반을 갖추지 못했다는 것과 같다.

학생 때부터 벌어지기 시작하는 격차

일본의 젊은이들과 서양의 젊은이들은 이

미 대학교 단계에서 격차가 생긴다. 이 격차는 도대체 어디서 오는 것일까? 원인을 개인한테서만 찾아서는 안 된다. 앞에서도 말했듯 일본의 대학 진학률은 약 50%로, 선진국 중에서도 낮지 않은 편이다.

하지만 학생들이 대학에서 학위를 취득하기는 해도 제대로 된 공부를 하고 있는지는 모르겠다. 학생들이 대부분 대학이라는 이름에 걸맞은 공부를 하지 못한 채 졸업해서 사회에 나오고 있는 실정이다. 일단 사회로 나오면 공부할 기회는 더욱 적어진다.

일본과 미국의 대학생이 재학 중에 책을 몇 권이나 읽는지 조사한 연구가 있다. 그에 따르면 일본의 대학생이 평균 약 100권의 책을 읽는 데 비해 미국의 대학생은 평균 약 400권의 책을 읽는다고 한다. 일본의 4배다. 공부의 양에서 압도적인 차이가 있는 것이다. 이것만으로도 일본 대학생과 미국 대학생이 같은 기업에 취직했을 때 누가 더 경쟁력이 있을지는 불 보듯 뻔하다.

공부의 양뿐만이 아니다. 의식 면에서도 큰 차이가 있다. 대학 졸업 후 기업에 취직하는 것은 일본이나 미국이나 마찬가지지만, 미국 대학생이 선호하는 취업처는 아주 균형 있게 3등분되어 있다. 벤처기업, NPO·NGO, 공무원, 이렇게 세 분야다.

일본에 잘 알려진 골드만삭스나 보스턴컨설팅, 맥킨지 같은 고연봉, 우량기업은 의외로 40~50위 근방에 몰려 있다. 대기업이 지금 정점을 찍었다고 생각하는 미국의 학생들은 이미 정점에 오른

기업에 가봤자 자기가 활약할 여지가 적으니 그럴 바엔 벤처기업에 가서 제2의 애플이나 구글을 목표로 삼아 마음껏 실력을 발휘해보는 것이 꿈이라고 한다. 대단히 의욕적이고 또 건전한 생각이다.

이에 반해 일본의 대학생은 어떤가? 2014년 '닛케이 취업 내비게이션'의 조사에 따르면, 일본 대학생이 희망하는 취업처 상위 10개가 모두 대형 은행, 대형 보험회사였다. 이왕이면 큰 나무 그늘에 가겠다는, 대단히 보수적이고 의존적인 생각이다. 나는 이 결과를 보고 일본의 미래를 생각하며 한탄하고 말았다.

학생에게 공부를
요구하지 않는 사회

서양의 학생들이 의욕적인 것은 일단 대학 학비가 대단히 비싸기 때문이다. 그곳 학생들은 대부분 대출을 받아서 학교에 다닌다. 일본에서는 부모가 학비를 대주는 것이 일반적이지만 미국은 그렇지 않다. 대학에 가고 싶으면 직접 은행에서 대출을 받든지 자기가 알아서 학비를 마련해야 한다.

대출까지 받아서 대학에 다니고 있으니 제대로 하지 않으면 안 된다는 생각이 강하다. 필사적으로 공부하고 장래성이 있는 업종에 취직해 빨리 대출을 갚아야 하는 절실한 사정이 있는 것이다.

기업이 학생들의 공부를 촉구하는 면도 있다. 서양의 기업은 대학 성적을 중시해 원칙적으로 졸업 후에 채용을 결정한다. 어떤 이유로 대학과 학과를 골랐고 성적은 어떤지 제대로 설명하게 해서 인물을 평가한다. 당연한 일이다. 대학은 공부하는 곳이니까. 게다가 자기가 고른 대학에서 뛰어난 성적을 이루어낸 사람은 자신이 고른 일에서도 좋은 성과를 보여줄 가능성이 높다. 일본처럼 "성적은 좋지 않지만 체육으로 단련된 몸이라 근성이 있습니다"라는 식의 말은 통하지 않는다. 그래서 서양의 대학생들은 필사적으로 공부한다.

일본에서는 아직 입도선매[1]가 만연하다. 면접에서 나오는 질문이라는 것이 "동호회 활동은 무엇을 했나?", "아르바이트 경험은?" 같은 것들뿐이다. 심할 때는 입사가 내정된 후에야 성적표를 요구하기도 한다. 이래서야 학생이 제대로 공부하지 않는 것은 당연한 일이다. 사회가 젊은이들의 기개를 꺾는 셈이다.

언젠가 본 4컷 만화에 이런 내용이 있었다.

"입시로 지쳤으니 1학년 때는 좀 쉬고, 2학년 때는 취업 준비 시작하고, 3학년 때는 취업 준비 열심히 하고, 4학년 때는 졸업여행을 즐긴다. 어이쿠, 공부는 언제 하지?"

----

1. 원래 뜻은 '아직 논에서 자라는 중인 벼를 미리 돈을 받고 판다'는 것이다. 여기서는 졸업 전인 학생과 입사 계약을 맺는 것을 말한다.

정말 이런 식으로 대학생활이 흘러간다.

한 대기업에서 신입사원을 대상으로 설문조사를 했는데, 해외근무를 희망하는 사람이 거의 없었다고 한다. 사장은 "아무도 해외근무를 원하지 않고 본사에만 있으려고 한다. 근성이 없다"며 한탄했다. 그런데 그 기업 임원의 면면을 살펴보니 인사부장이나 기획부장, 경리부장 등등 모두 본사근무자 출신뿐이었다. 그런 기업에 입사한 젊은이가 해외근무보다 본사근무를 희망하는 것은 사회생활 면에서 지극히 합리적인 선택이다. 만약 신입사원이 해외근무를 자원할 만큼 패기를 갖추길 바란다면 사장이 "우리 회사는 3개국 이상은 다녀와야 임원이 될 수 있다"고 한마디만 하면 그만이다.

젊은이들은 좀더 야성적일 필요가 있다고 생각한다. 하지만 그들은 주위의 어른을 보고 사회인의 자세를 배운 것이다. 젊은이에게 활력이 없는 것은 가까이에 있는 어른과 롤모델에게 기개가 없기 때문이다.

생각하는 힘을 기르는 교육

앞으로 일본이 외국 여러 나라와 어깨를 나란히 해서 경쟁하기 위해서는 현세대의 의식개혁과 차세대의 교육이 키포인트가 될 것이다.

런던에 주재하던 시절에 한 친구가 이런 이야기를 했다. 열두 살 딸이 숙제하다가 물어볼 것이 있다며 들고 왔단다. 평소 일이 바빠 딸과 소원해지기 쉬운 터라 질문을 하러 온 딸을 기쁘게 맞았는데, 딸은 일본인 학교가 아니라 현지 학교에 다니고 있었고 딸이 내민 숙제에는 이런 내용이 있었다.

"중세시대 서식스 지방의 유복한 농가에 시집간 여자가 쓴 일기가 있다. 그 농촌 마을을 관리하는 지주의 집사가 쓴 기록도 있다. 그리고 옥스퍼드대학의 교수가 19세기 농촌을 조사해 쓴 〈서식스 지방의 중세 농가 형태〉라는 논문도 있다. 이 세 글을 읽을 때 어떤 점에 유의해야 하는가?"

친구는 의외로 어려운 내용에 내심 깜짝 놀랐으며, 고민 끝에 딸에게 네 생각은 어떠냐고 물어보았다. 그러자 딸은 이렇게 대답했다.

"여자가 쓴 글에는 거짓은 없을 거예요. 마을에서 일어난 일이 그대로 적혀 있겠죠. 하지만 자동차도 전화도 없던 시대니 자기 눈으로 본 좁은 범위의 일에 그칠 거예요. 지주의 집사가 쓴 기록은 아마 소작료를 조금이라도 더 많이 받으려는 마음에서 작물 수확량 등을 고쳐 적었을지도 몰라요. 그런 점을 유의해서 읽어야겠죠. 그리고 옥스퍼드대학 교수의 논문은 객관적이긴 하겠지만 아무래도 자기 학설에 맞추려고 각색했을 가능성이 있어요.

그러니까 완전히 믿어서는 안 된다고 봐요. 이렇게 답을 쓸까 하는데, 아빠가 보기엔 어때요?"

친구는 "그 정도면 괜찮지 않겠니?" 하고 대답하면서 속으로는 영국의 교육방식에 혀를 내둘렀다 한다.

이 숙제의 목표는 학생의 사고력을 키우는 것이다. 단순 암기나 정답만 찾아내면 되는 일본의 교육과는 근본적으로 다르다. 이 차이는 대단히 크다. 친구는 딸을 일본인 학교에 안 보내길 정말 잘했다고 생각한다며 이 이야기를 나에게 들려주었다.

학생이기에 더 분명한 현실 인식이 필요하다

옥스퍼드대학에 있는 한 칼리지의 학장과 만날 기회가 있어서 "옥스퍼드대학은 학생들에게 무엇을 가르칩니까?" 하고 물어본 적이 있다. 학장은 이렇게 대답했다.

"인도를 잃은 후 영국은 이제 크게 성장할 수 없는 나라가 되었습니다. 이른바 침몰의 운명이 결정된 나라지요. 학생들은 이것을 제대로 인식해야 합니다. 옥스퍼드는 영국의 내일을 짊어질 엘리트를 배출하는 학교인 만큼 미래의 리더들에게 영국의 현실을 과부족 없이 가르치려 합니다. 그리고 몰락을 막지는 못하더라도 그 속도를 늦추는 일이 얼마나 큰 도전이고 어려운 일인지 이해하고 납득해주기를 바랍니다."

자국의 몰락을 현실적으로 인식하도록 가르친다는 말에 나는 놀람과 동시에 감동했다. 옥스퍼드대학은 놀라울 정도의 리얼리즘과 깊은 철학을 바탕으로 미래의 리더들에게 진짜 필요한 교육을 전개하고 있었다.

학생들도 대학의 뜻을 제대로 알고 있다. 옥스퍼드대학에서 가장 우수한 학생은 외교관을 꿈꾼다고 한다. 협상을 통해 영국의 전통과 역사를 지키고 몰락의 속도를 늦추겠다는 것이다. 우수한 학생이 희망하는 또 다른 직업은 다음 세대를 키워내는 교육자다. 그리고 그보다 성적이 낮은 학생들은 도시에서 돈을 버는 일에 열중한다고 한다.

이렇게 훌륭한 교사, 학생들이 있는 한 영국이 아무리 가라앉는 운명이라 해도 강인하게 국제사회에서 살아남을 것이라는 생각이 들었다.

영국에서 들은 인상 깊은 이야기가 또 하나 있다. 초등교육에 관한 것이다. 영국의 보육원에서는 모든 아동을 일대일로 대면시킨다고 한다.

"앞사람을 잘 보세요. 여러분과 똑같은가요, 아니면 다른가요?"

상대를 바꿔가며 이렇게 몇 번이고 마주 보게 하는 동안 아이들은 자연스레 인간이 모두 다르다는 것을 체득한다.

다음 물음은 이것이다.

"사람들의 모습은 하나하나 다 다르죠. 그럼 마음속, 그러니까 느낌이나 생각은 어떨까요? 같을까요, 다를까요?"

다음은 마무리다.

"자기가 느낀 감정이나 생각을 말해서 잘 전달하지 않으면 아무도 모르지요."

이 과정이 끝나면 다음은 들과 산에서 건강하게 뛰어놀며 지식을 익히면 된다. 계속 지식을 쌓아나가도 아이는 이제 자신의 감정과 생각을 제대로 말할 수 있기 때문에 걱정할 필요가 없다.

나는 이 이야기를 듣고, 인간과 인간이 만든 사회의 핵심을 꿰뚫고 있는 교육이라는 생각에 감탄했다.

깊이 생각하지 않는 것이 더 편한 사회

인간의 의식과 사고는 그 사람이 태어난 시기로부터 20~30년간 사회의 존재 방식을 그대로 반영한다는 학설이 있다. 그에 따르면 현재 일본인의 의식은 모두 전후 일본 사회를 반영하고 있는 것이 된다.

그렇다면 전후 일본은 어떤 사회였을까? 패전 후 일본은 냉전 구도라는 바라지도 않던 행운에서 출발할 수 있었다. 단적으로 말하면 프랭클린 루스벨트의 파트너였던 장제스가 마오쩌둥에게 패배하는 바람에 미국은 '가라앉지 않는 항공모함'으로서 일본에 눈을 돌린다. 그 틀 속에서 일본은 '군사적인 무장은 가볍게, 경제적으로 나라를 부유하게'라는 노선을 선택했다. 쉽게 말해 '불탄 들판을 빨리 복구해 선진국 경제를 따라잡는다'는 것이다.

이때 기준이 된 것이 미국이다. 제2차 세계대전에서 일본은 왜 미국에게 졌는가? 이 물음의 답은 패전 당시 이미 나와 있었다. 압도적인 생산력 차이, 공업력 차이가 승부를 가른 결정적인 원인이었다. 상징적인 것이 항공모함 제조 능력이다. 전쟁 중 일본은 전력을 다해 1년에 2~3대의 항공모함을 만들었지만 미국은 20~30대를 만들어냈다. 일부 국수주의자 외에는 일본이 생산력, 공업력의 압도적인 격차 때문에 미국에게 졌다는 사실을 잘 알고 있었다.

그래서 전후에는 그러한 반성 위에 부흥을 꿈꾸었다. 공업입국, 수출입국으로 폐허에서 재기하자는 것이 일본 사회 전체의 의지였다. 모델이 된 것은 제너럴일렉트릭(GE), 제너럴모터스(GM) 같은 미국의 대기업이다. GE, GM 같은 기업을 일본에서도 키우자, 그러면 반드시 재기할 수 있다고 생각한 것이다.

실제로 일본은 그런 길을 걸어왔다. 전력·철강업의 부흥을 비롯해 스스로의 힘으로 자동차, 전기·전자기기를 만들 수 있는 나라가 되었다. 부흥으로 가는 여정은 미국이라는 목표가 모든 사람의 눈에 명확히 보이는, 이른바 '길이 보이는 등산'이었다.

길이 보이면 어디를 어떻게 지나가면 좋은지 알 수 있다. 자기 머리로 고민해서 생각할 필요가 없다. 불필요한 고민으로 빙 둘러서 가면 시간만 지체될 뿐이다. 즉 전후의 일본은 자기 머리로 생각할 필요가 없는, 나아가 자기 머리로 생각하지 않는 것이 더 좋은 사회였다.

'사회와 산업을 어떻게 발전시켜 갈 것인가?'라는 설계도는 외무성 관료가 그렸다. 관료가 미국을 모방해 설계도를 그리면 시민들은 그대로 움직이면 되는 구조였다. 고도성장이라는 결과가 따라오니 아무도 불만을 품지 않았다. 그렇다고 해서 외무성 관료에게 각별한 지혜가 있었던 것도 아니다. 애당초 전후의 일본은 그냥 방치해둬도 성장하는 행운 속에 있었던 것이다.

패전 후 외국에서 돌아온 사람들은 아기를 낳았고 인구가 증가했다. 전범을 추방함으로써 지도층도 40대로 크게 젊어졌다. 불탄 들판에서 출발했으니 그다음에 올 수 있는 것은 성장밖에 없었다. 여기에 한국전쟁이라는 특수도 겹쳤다.

게다가 미국이라는 구체적인 목표와 교본이 있었다. 이만큼 수월한 상황이 없다. 계속해서 길이 보이는 등산을 열심히 하면 될 뿐이다. 도지 라인[2]에 따라 재정도 제대로 틀을 잡아갔다. 이렇게

2 미국의 은행가 주지프 도지가 1949년에 내건 일련의 일본경제 재건책. 당시 요시다 시게루 내각의 경제정책에서 주요 골자가 되었다.

자주성을 발휘할 필요가 없는 채로 연 7%라는 실질성장이 거의 35년간 계속되는, 꿈같은 시대가 현실이 되었다.

이렇게 전후 일본 사회는 냉전구도라는 큰 틀 속에서 따라잡기 모델, 인구증가, 고도성장이라는 3개의 키워드만으로 모든 것을 설명할 수 있다.

종신고용, 연공서열, 정년제라는 노동관행

생각 없이 사는 편이 낫다는 것은 당연히 개인에게도 해당되었다. 고민 없이도 성장할 수 있는 기업이 귀하게 여기는 것은 명령 그대로 일해주고 쓸데없는 생각을 하지 않는 순수한 인재다. 채용할 때도 학업 성적은 물론 인간성도 꿰뚫어보려 하지 않았다. '고도성장 = 일손 부족'이므로 업무가 특정되지 않은 일괄채용, 이른바 입도선매가 훨씬 합리적인 채용방법이었다.

그런 형태로 7%씩 성장하는 시대가 거의 35년간 지속되었다. 7%씩 성장하면 약 10년 후 경제규모는 2배가 된다. 경제규모가 2배가 되면 소득도 대강 2배가 된다. 계속 일하면 소득이 2배가 되니 회사를 그만두려는 사람이 있을 리 없다.

내가 막 사회에 나왔을 때 선배가 이런 말을 했다.

"우리가 월급을 받는 건 하기 싫은 일을 하기 때문이야. 월급은 그 고생에 대한 대가지."

10년 후 월급이 2배가 된다면 누구나 싫은 일도 좀 참아가며 계속할 것이다.

그만두는 사람이 없으니 거의 자동으로 종신고용이 되었고, 종신고용은 저절로 연공서열로 이어졌다. 기업은 입사동기에게 서열을 매기는 일을 좋아하지 않는다. 5년이 지나면 계장, 10년이 지나면 과장, 이렇게 규칙적인 것만큼 편리한 게 또 없다. 직원도 월급이 오르고 언젠가는 승진한다고 생각하면 그만큼 좋은 일이 또 어디 있을까? 이렇게 종신고용과 연공서열이 세트가 되어 정착했다.

연공서열에 따라 책임 있는 자리는 전부 나이 든 사람이 차지하게 되었다. 그래서 연령대를 낮추려고 정년제를 도입하게 된다. 이렇게 입도선매에서 시작해 종신고용, 연공서열, 정년제가 한 세트를 이루는 독특한 고용형태가 생겨났다.

전후 일본에서는 기업이 복지도 담당했다. 사내예금과 그룹보험, 사택 제공, 주택구입비 보조, 여행적금과 휴양지 지원, 유니폼은 대여해주고 식사는 사원식당에서 해결, 체육대회, 송년회, 관혼상제에 이르기까지 기업이 인생을 통째로 돌봐주었다. 게다가 결혼 상대까지 사내에서 찾는 것이 당연한 시대였다. 이것이 바로 전후의 일본 대기업이었다.

이러한 갈라파고스 같은 폐쇄세계 속에서 기업에 대한 충성심을 가장 높은 가치로 여기는 풍토가 조성되었다. 연공서열이 있으니 성과보다는 충성도로 평가받는 것이 당연하고, 충성도의 기준은 노동시간이었다. 이리하여 장시간노동이라는 나쁜 관행이 만연하게 되었다.

공부하지 않는 일본의 리더들

냉전구도 속에서 따라잡기 모델, 인구증가, 고도성장이라는 삼박자가 딱 맞아떨어져 돌아가는 피라미드형 사회. 이것이 전후 일본 사회였다. 노구치 유키오의 책《1940년 체제》에 그려진 모습 그대로다.

입도선매, 종신고용, 연공서열, 정년제라는 노동관행 속에서는 대학에서 무슨 공부를 했는지, 교양은 갖추었는지 등이 전혀 문제가 되지 않았다. 극단적으로 말해 개인의 개성과 주체성 따위는 아무래도 좋았다. 오히려 시키는 대로 잘하는 몰개성한 집단이 다루기 편했다. 그러한 사회구조 아래 일본은 고도성장을 구가했고 부흥을 이루었다.

이렇게 살펴보면 전후 일본이 얼마나 특수한 사회였는지가 잘 보인다. 반세기 이상을 전쟁 없이(메이지유신부터 제2차 세계대전까지는 전쟁의 연속이었다) 평균 실질성장률 약 7%라는 고도성장이 40년 가까이 계속되고, 인구도 계속 늘었으며 게다가 평균수명도 50세에서 80세(남성)까지 늘어난 꿈같은 사회. 세계사 어디를 찾아봐도 보기 힘든 예다. 예외 중의 예외. 일본인은 '갈라파고스 속에서 갈라파고스의 꿈'을 꾸었다. 냉전이 진작에 종결되고 인구는 줄고 성장이 멈추고 온갖 지표가 제자리걸음을 하는 지금의 일본이야말로 보통 나라로 돌아온 것이라고 할 수 있다.

꿈의 나라에서 보통 나라로 돌아온 이상 일본도 다른 보통 나라와 마찬가지로 살아야 한다. 세계를 둘러보면 글로벌 기업의 간부는 모두 필사적으로 공부하고 다방면으로 박식하며 자기 머리로 생각하는 것이 현실이다. 일본 뒤에서 출발한 나라가 이제는 일본을 따라잡을 모델로 삼고 있다. 내버려두면 저절로 크는 예전 같은 상황은 이제 세상 어디에도 없다.

그 결과 어떠한 일이 일어나고 있는가? 2014년 반도체 제조업체의 매출 순위를 보면, 삼성전자의 시장점유율이 일본의 최고위 3개사 합계의 2배에 달한다. 일본의 주력 분야로 여겨지던 곳에서 일본 기업을 다 합쳐도 한국의 기업 하나를 이기지 못한다. 이것이 새로운 세계의 현실이다.

UN을 비롯한 국제기관에서 일본이 부담하는 기부금에 비해 일본인 간부 수가 적다는 비판이 있다. 하지만 그런 국제기관에 간부급으로 들어가려면 최소한의 자격과 학위를 갖추어야 하는 것이 상식이다. 일본인은 일하러 가고 싶어도 지원조차 못 하는 것이 현실이다.

　글로벌 기업도 마찬가지로 관리직을 모집할 때면 석사나 박사 학위가 필수일 때가 많다. 세계적으로 보면 일본의 기업 간부들은 압도적으로 저학력이며 공부하지 않는다. 우리는 이 사실을 똑바로 직시해야만 한다.

이제 우리에게
필요한 것은 교양이다

　　　　　　　　　국가 전략의 기본전제였던 냉전 구도가 붕괴하고 따라잡기 모델, 인구증가, 고도성장의 삼박자가 사라진 이상 새 환경에 걸맞은 새 발상이 필요하다. 다윈의 진화론을 살펴볼 것도 없이 새 환경에 적응한 존재만이 살아남는다. 세계의 변화를 알아차리지 못한 채 지금까지와 똑같은 전략을 밀고 나가는 것은 너무나도 목가적이다. 그러면서 계속 성장할 수 있기를 바라는 것은 완전히 어불성설이다.

　취업 면접에서 동아리 활동 따위를 묻고 있는 동안 일본의 국제경쟁력은 점점 낮아질 것이다. 국제경영개발연구소(IMD, 본사 스위스)의 2015년 조사에 따르면, 일본의 국제경쟁력은 27위다. 그런데도 일본인들은 이 냉혹한 현실에 무관심하다.

이제 우리에게 필요한 것은 교양이다. 단순히 여러 지식을 익혀야 한다는 뜻이 아니다. 막다른 난관을 극복할 수 있는 독창성, 다양한 상대를 끌어들이는 재미, 인간적 매력, 자기 머리로 생각하는 것 등 교양의 힘이 절실하게 필요하다.

전후 우리는 "한마음 한뜻"을 외쳤지만, 이제는 전과 달리 개인의 힘이 필요하다. 앞에서 말한 것처럼 나는 교양이 인생을 풍요롭게 한다고 생각한다. 하지만 일본 사회라는 큰 관점에서 보면 이제 교양은 우리가 살아남기 위한 절대적인 조건이라고 할 수 있다.

뒤처진 부분에서 성장잠재력을 찾아라

냉전구도 아래 따라잡기 모델, 인구증가, 고도성장의 삼박자로 돌아가던 시대가 끝나고 일본이 뒤처지거나 의식이 낮은 분야가 드러나고 있다. 하지만 뒤집어 생각해보면 이 사실은 일본이 성장할 여지가 아직 많이 남아 있음을 의미한다.

세계경제포럼(WEF)이 발표한 〈국제 남녀 격차 리포트 2014〉에 따르면, 일본의 남녀평등 순위는 세계 142개국 중 104위다. 일본이 남녀평등 면에서 대단히 미성숙하다는 냉혹한 결과다. 하지만 만약 경제협력개발기구(OECD) 국가의 평균 수준으로 일본 여성의 사회진출이 늘어난다면 GDP가 10~20% 늘어난다는 계산을 해볼 수 있다. 아직 큰 노력을 하지 않았으니 성장 가능성이 꽤 있는 것이다.

농산물도 마찬가지다. 일본의 농산물 수출액은 연간 5,000억 엔 정도다. 농산물 수출 세계 1위는 미국이다. 누구나 예측할 만한 결과인데, 그렇다면 2위는 어디일까? 이 질문에 바로 답을 할 사람은 많지 않을 것이다. 정답은 네덜란드다. 네덜란드는 면적이 규슈 정도인 작은 나라다. 그런데 농산물 수출액은 9~10조엔에 달한다.

그런 점에서 일본의 농산물 수출에는 커다란 희망이 보인다. 일본은 구조적인 농업개혁을 거의 하지 않았으며 고작 감반정책(쌀 경작지를 축소하는 정책)을 시행했을 뿐이다. 감반정책의 결과 일본 농지의 면적은 정점일 때의 절반이 되었다. 이 사실은 아직 경작할 토지가 많다는 것을 뜻한다. 마음만 먹으면 일본의 농산물 생산이 순식간에 2배로 뛸 수 있는 가능성이 있다. 일본은 강우량이 많고 농업에 적합한 기후다. 네덜란드 땅에서 10조엔이 가능하다면 일본은 20조엔을 번다고 해도 전혀 이상할 것이 없다.

세간에서는 일본의 농업이 이제 붕괴 직전이며 TPP가 본격적으로 시작되면 앞길을 전혀 내다볼 수 없다고들 한다. 하지만 농업으로 가장 많은 돈을 버는 나라 2위가 네덜란드라고 하면 일본에도 상당한 여력이 있어 보인다.

일본은 작은 나라라고 생각하는 사람은 무지하다. 일본의 영해 면적은 세계 6위이며 해양자원도 일본의 큰 힘이다. 바다까지 아울러 생각해본다면 일본은 오히려 큰 나라에 들어간다.

나는 이러한 일본의 잠재력을 믿고 싶다. 지금까지 자기 머리로 생각하지 않고 교양이 없어도 그럭저럭 살아왔지만, 만약 일본인이 세계 수준의 교양을 익힌다면 아직 이 나라는 크게 성장할 가능성이 있다.

3장

교양인이 되기 위한
사고법과 공부법

과거는 바꾸지 못하지만 미래는 바꿀 수 있다

교양인이 되려면 지식만으로는 부족하다. 지식에 '자기 머리로 생각하기'가 더해져야 한다. 하지만 현대의 일본인은 이 점에 약하다. 종전 후 생각 없이 사는 것이 더 유리한 사회풍조 속에서 쭉 살아온 탓에 그 감각이 몸에 밴 것이다.

이번 장에서는 자기 머리로 생각하기 위해 어떠한 사고법이 필요한지, 어떠한 공부법이 도움이 되는지 나 자신의 경험을 바탕으로 여러 가지를 이야기해보려 한다.

강연 등에서 일본인은 자기 머리로 생각하지 않는다고 말하면, 그렇게 배우고 컸는데 이제 와서 어떻게 하느냐고 항변하는 사람들이 있다. 내 대답은 이것이다.

"여러분은 오늘 가장 젊습니다. 가장 젊을 때 시작하십시오."

대학 시절에도 제대로 책을 읽지 않고 놀았으니 이미 너무 늦었다고 생각하지 말고 오늘 저녁부터 읽기 시작하면 될 일이다. 이미 늦었다며 노력을 방기하는 사람은 게으름에 대한 핑계를 대고 있을 뿐이다. 그런 생각을 할 시간에 1권이라도 더 책을 읽는 것이 유익하다. 배움과 나이는 전혀 상관이 없다. 지금 몇 살이라 해도 결코 늦지 않다.

우리는 신이 아니다. 그러므로 과거를 바꾸지는 못하지만 미래는 바꿀 수 있다. 지금까지 자기 머리로 생각하는 노력을 하지 않았다면 오늘부터 노력하자. 다른 방법은 없다. 지극히 당연한 이야기 아닌가?

종과 횡으로
생각하라

사물을 생각할 때 몇 가지 비결이 있다. 첫째는 종과 횡으로 조합해 생각하는 것이다. 종, 즉 세로는 시간축(역사축)이고 횡, 즉 가로는 공간축(세계축)이다. 종과 횡으로 생각하는 것은 시간축과 공간축이라는 두 시점을 교차해 2차원으로 생각하는 것이다.

앞에서 전후 일본은 지극히 특수하게 행복한 시대였다고 말했다. 종횡을 교차해 생각하면 사정이 더욱 명확히 보인다. 종의 시점에서 1,000년으로 단위를 세우고 횡의 시점에서 이웃 국가인 중국을 살펴보자.

중국은 4,000년이라는 긴 역사를 지닌 나라다. 그 긴 역사 중 평화롭고 풍요로운 시대가 얼마나 있었나 보면 겨우 네 차례다. 첫 번째는 문경의 치(文景之治)라고 부르는 때로, 전한의 문제와 경제가 다스리던 시기(기원전 180~141년)다. 두 번째는 정관의 치(貞觀之治)로, 당 태종 이세민의 시대(627~649년)다. 그다음은 개원의 치(開元之治)로, 당 6대 황제인 현종의 시대 전반기(713~741년)다. 그리고 마지막이 청의 강희제, 융정제의 시대(1661~1735년)다. 단 네 번의 성세를 모두 합쳐도 200년이 채 안 된다.

그렇게 생각하면 종전 후 일본이 그럭저럭 70년간 평화롭고 풍요로운 시대를 누린 것은 그야말로 기적적인 행운이라고 할 수 있다. 이처럼 종과 횡의 관점으로 살펴보면 역사적, 세계적 사고가 가능하며 사물의 본질을 보다 선명하게 볼 수 있다.

인간이 지닐 수 있는 지식에는 한계가 있다. 순식간에 완벽한 사고가 가능해질 수는 없다. 종의 발상으로 앞서 산 사람들의 시행착오에서 배우고, 횡의 발상으로 세계 각국 사람들의 생각과 실천법을 배우는 것이 큰 힌트가 된다. 시간과 공간을 넘어 시장 도태의 과정을 거치고도 살아남은 것은 합리적인 최적의 해결책일 확률이 높다.

둘째, 국어가 아닌 산수로 생각하는 것
이 중요하다. 요컨대 정성(定性)적인 발상뿐만이 아니라 정량(定量)
적 사고가 필요하다는 뜻이다. 사물을 국어, 즉 정성적으로 생각
하면 흐름을 파악할 수는 있지만 사실의 유무, 사건의 대소와 경
중, 상호관계 등은 명확히 보이지 않는다. 흐름을 알면 대강 논리
적인 듯 말할 수 있지만, 여기에 정량적 시점을 가미하면 사물을
보다 정확히 파악할 수 있다.

외국인이 늘어나면 범죄가 증가한다고 말하는 사람이 있다. 외
국에는 어마어마한 범죄조직이 있고, 그 무리가 일본에 들어오면
큰일이 난다는 식이다. 정성적으로 생각하면 그럴싸하다. 그런데
정말 맞는 말일까?

최근 10년간의 상황을 정량적으로 보면 실제로 무슨 일이 일
어났는지 알 수 있다. 일본에 거주하는 외국인 수는 증가했지만
범죄발생 건수는 줄어들었다. 즉 정량적 사실로는 '외국인이 늘
면 범죄가 증가한다'는 논리는 성립하지 않는다. 이 견해를 국어
만으로 생각하면 언뜻 보아 그럴듯하지만 산수로 생각하면 틀린
명제임을 알 수 있다.

국어가 아닌 산수로 생각하라는 것은 바로 이런 의미다. 이처
럼 사물에 대해 생각할 때는 항상 숫자, 데이터를 근거로 생각해

야 한다. 숫자를 바탕으로 하지 않은 논리는 설득력을 의심해야
한다.

숫자·팩트·논리로
생각하라

국어가 아닌 산수로 생각하는 사람은
'숫자·팩트·논리'로 생각한다고 바꿔 말할 수 있다. 사물에 대해
사고할 때 숫자·팩트·논리의 3요소를 거치지 않으면 결론이 허
술해진다.

"세금 낭비를 없애면 소비세를 올리지 않아도 문제가 해결된
다"는 의견이 있다고 해보자. 언뜻 보면 이치에 맞는 듯하지만 문
제는 그것이 현실적으로 가능한가 하는 점이다. 간단한 계산을
해보자.

2015년도 일본의 국가예산 중 사회보장관계비는 약 32조엔으
로 가장 큰 세출 항목이다. 그다음으로 큰 것이 공공사업비로 약
6조엔이다. 그다음은 문교비 약 5조엔, 방위비 약 5조엔이다. 실
지출이 큰 항목은 이 정도이며 기타 지출은 모두 합해 약 10조엔
이다. 이 외에 지방교부세교부금 등이 약 16조엔, 국채 상환·이
자에 약 23조엔이 든다. 이렇게 해서 세출의 합계는 약 96조엔이
다. 이에 비해 세수는 약 55조엔이므로 41조엔이나 차이가 난다.

이것이 증세나 국채 발행으로 메꿔야 하는 금액이다.

이제 세금 낭비를 줄이자는 주장을 숫자·팩트·논리를 이용해 구체적으로 살펴보자.

우선 사회보장관계비 32조엔을 어떻게 삭감할 수 있을까? 줄인다고 해도 겨우 10% 전후(-3.2조엔)다. 사회보장은 사회적 약자를 위한 안전보호망이므로 무작정 삭감하기가 매우 어렵다. 오히려 육아지원금을 늘려야 한다는 주장도 많다. 공공사업비는 20% 삭감(-1.2조엔)해보자. 문교비, 방위비는 삭감이 어렵겠지만 어쨌거나 10% 삭감한다고 하면 합해서 -1조엔. 기타 지출도 과감히 20% 줄여서 -2조엔. 국채비와 지방교부세교부금은 성질상 삭감이 불가능하니 여기까지 삭감액을 더해보면 줄일 수 있는 액수는 총 7.4조엔이다.

세수와 예산의 차이는 약 41조엔인데 줄일 수 있는 것은 7.4 조엔. 안타깝지만 소비세 인상 없이 예산 삭감만으로는 갈 길이 멀다.

이처럼 숫자·팩트·논리에 따라 구체적으로 사고하면 "세금 낭비를 없애면 소비세를 올리지 않아도 문제가 해결된다"는 명제는 완전히 비현실적인 주장임을 알 수 있다.

현재 사회보장관계비는 고령화에 따라 매년 1~2조엔씩 증가한다. 세금 낭비를 줄이자는 주장 자체는 정당하고 앞으로 실행해야 할 이야기지만 그것만으로 증세를 막을 수 있다는 것은 꿈같은 말이다. 일본의 재정은 절약만으로 해결되지 않는 단계에 도달했다는 팩트를 냉엄하게 꿰뚫어봐야 한다. 국어만으로는 이런 문제를 풀 수 없다. 산수, 즉 숫자·팩트·논리로 검증해야 한다.

생각하는 방식을 바꾸면 전혀 다른 면이 보인다

숫자·팩트·논리로 사고하면 사건의 전혀 다른 면을 발견할 수도 있다.

일례로, 최근 겐페이 전쟁[1]에 대해 새로운 견해가 나오고 있다. 일반적으로 다이라노 기요모리가 호화로운 생활에 빠져 있는 동안 동쪽에서 미나모토 가문이 와신상담하며 세력을 키우던 중 미나모토노 요시쓰네라는 군사 천재가 출현해 결국 다이라 가문을 멸망시켰다는 스토리로 알려져 있다. 요시쓰네는 그 후 비명횡사함으로써 비극적인 영웅이 되니, 이야기로서도 아주 흥미진진하다.

하지만 최근 일본의 기후에 대해 쓴 책을 읽다가 당시 서일본에 오랫동안 기후 이상이 있었음을 알게 되었다. 그로 인해 서일

---

1. 겐(源, 미나모토라고도 읽는다) 씨와 헤이(平, 다이라라고도 읽는다) 씨 가문 사이에 벌어진 내전을 겐페이 전쟁이라고 부른다. 겐페이 전쟁의 승자인 미나모토 가문이 가마쿠라 막부 시대를 열었다.

본은 심각한 흉작으로 대규모 기아가 덮친 상태였다고 한다. 이 팩트에서 새로운 가설이 나온다. 서일본을 기반으로 하던 다이라 가문은 계속되는 기아로 군량미가 크게 부족해졌고, 이는 당연하게도 전력 약화로 이어졌을 것이다. 결국 이것이 다이라 가문을 멸망으로 이끌었다는 가설이다.

서일본에서 오래 지속된 기상 악화는 숫자(데이터)이고, 그로 인해 기아가 발생했다는 것은 팩트다. 즉 기아로 인한 다이라 가문 멸망설은 숫자·팩트·논리의 관점에서 보아 합리적인 설명이 되는 것이다.

본질은 심플하다

사건을 생각할 때는 본질을 파악하는 것이 가장 중요하다. 요컨대 각 나무를 보기 전에 숲 전체의 모습을 보아야 한다. 처음부터 사건의 본질을 정확히 파악해두면 그릇된 판단을 할 확률이 큰 폭으로 줄어든다.

사건의 본질은 대개 심플한 논리로 파악할 수 있다. 뒤집어 생각하면, 심플한 논리로 이해가 되지 않는다는 것은 본질을 놓쳤다는 뜻이다. 복잡하고 세세한 이야기는 언뜻 정교해 보이지만, 거기에만 매여 있으면 의식이 지엽적인 부분에 머물러 주제 전체의 모습을 보지 못하게 될 때가 많다.

어려운 주제에 대해 잘 알고 현명한 듯 보이지만 이야기를 듣다 보면 뭐가 뭔지 모르게 되는 사람이 있는데, 바로 이런 경우다. 사실 말하는 당사자도 잘 모르거나 일부러 어려운 이야기를 해서 듣는 사람을 헷갈리게 하려는 것이다. 국어만으로 말하는 사람도 수상하다. 우리는 그것을 꿰뚫어보아야 한다. 가짜를 알아차리는 힘도 일종의 교양이다.

TV 토론에서 지식인이라는 사람들이 이도 저도 아닌 말을 구구절절 늘어놓는다. 대부분 지엽적이고 말단만 건드리는 이야기로, 본질적인 토론을 하고 있다고는 보이지 않는다. 본질에 관한 이야기만 한다면 어떤 주제든 1시간 안에 끝낼 수 있다. TV 프로그램이니 나오는 사람이든 보는 사람이든 시끌벅적한 것 자체가 즐겁다면 그걸로 되지 않았느냐 하는 식이다.

나무만 보고 숲을 보지 못한다는 속담이 있다. 숲을 토론하는 것은 심플하다. 그러나 가지와 잎에 대해서만 내내 이야기하기 때문에 내용이 세세하고 복잡해진다. 애당초 인간은 그만큼 똑똑한 동물이 아니다. 오히려 단순하다. 그런 인간이 만든 사회도 단순할 터. 그렇다면 인간 사회의 본질은 누구나 간단히 설명해낼 수 있다고 나는 믿는다.

비유로
생각하라

교양을 익히자는 이야기를 하면 "나는 어려서부터 책을 많이 읽지 않았고 머리도 안 좋습니다, 그래서 무리입니다" 하고 말하는 사람이 있다. 교양 쌓기는 정말 어려운 일일까?

사물의 본질을 심플하게 파악할 때는 '비유로 생각하기'가 의외로 좋은 방법이다. 그리고 보면 세계 각국의 민화며 전설은 비유로 넘쳐난다. 교양 쌓기를 수영에 비유해보자.

세상에는 수영을 할 수 있는 사람과 할 수 없는 사람이 있다. 할 수 없는 사람이라도 영법을 배우면 대부분 수영을 할 수 있게 된다. 하지만 올림픽에 나가는 선수처럼 수영할 수 있는 사람은 거의 없다. 즉, 거기서 거기인 수준으로 헤엄치는 것은 누구나 할 수 있지만 초일류 수준으로 수영하는 것은 간단히 할 수 있는 일이 아니다.

조금 더 생각해보자. 풀장이나 해변에서 수영을 즐길 때 올림픽 선수의 기량이 과연 필요할까? 모든 사람이 통역이 가능할 정도의 영어 실력을 갖출 필요는 없다. 세계인은 대부분 엉터리 영어로도 당당히 의사소통하지 않는가?

교양도 마찬가지다. 비슷비슷한 수준이라면 누구나 몸에 익힐 수 있지만 노벨상을 받을 만한 수준은 일반인에게는 무리다. 보통의 사회생활을 위한 일반적인 수준의 교양으로도 충분하다. 이것을 어렵다고 하는 사람은 아마 노벨상 수준의 교양을 생각한 것이 아닐까?

이처럼 다른 무언가를 예로 들어 생각해보면 사물의 본질이 잘 보인다. 복잡하고 혼란스러워 보여도 다른 어떤 것으로 추상화해서 보면 본질을 파악할 수 있다. 이것도 '자기 머리로 생각하기'의 비결 중 하나다.

비유해서 생각할 때 무엇에 빗대어야 할지 모르겠다는 사람도 있다. 일리가 있다. 그럴 때는 일단 자기 주변, 일상생활에서 끌어와보자. 일을 잘 못 하는 직원을 엄하게 교육했더니 오히려 역효과가 났다. 뭐가 문제였을까? 그럴 때는 직원을 파트너로 여기는 시뮬레이션을 해보자. 의외로 간단히 답이 보인다. 파트너에게 해서 화날 만한 일은 애초에 직원에게도 해서는 안 되었다. 여러분은 소중한 파트너에게 "근성을 키워야 하니 도쿄역에 나가서 명함 100장 다 돌릴 때까지 돌아오지 마!" 하고 말하는가? 이 당연한 사실을 모르는 상사가 아직 많이 있다는 것을 정말 유감스럽게 생각한다.

수식어를 제거하라

사물의 본질이 수식어에 가려 보이지 않는 경우가

있다. 특히 국어의 관점에서 말하느라 아름다운 단어와 유창한 말솜씨로 꾸며진 이야기에서는 더욱 그렇다. 그럴 때는 수식어를 제거하고 생각해야 한다.

지구에 대해 "어머니와 같은 지구가 우리의 생명을 길러준다" 같은 정서적인 표현을 한다. '어머니와 같은 지구'라는 표현에서 따뜻하고 포근하게 우리를 감싸주는 이미지가 느껴진다. 거기서 연상되는 것은 인간에게 다정한 지구다.

문학의 세계라면 그걸로 좋다. 하지만 지구에 대해 냉정히 생각한다면 이는 몰이해를 초래할 우려가 있다. 지구는 본질적으로 철 등으로 구성된 광물 덩어리다. 동일본대지진으로 알 수 있듯이, 판이 조금 움직이는 것만으로 인간은 간단히 죽는다. 지구는 인간의 감상과는 무관하게 물리적 메커니즘에 의해 움직이는 단순한 물체다. 이러한 문제를 다룰 때는 '어머니와 같은 지구'로 뭉뚱그릴 것이 아니라 냉철하게 지구에 대한 정보를 모으고 사고해야 한다.

단어만이 문제가 아니다. 수사는 다른 형태로도 나타난다. 당신이 좋아하는 사람과 싫어하는 사람이 똑같은 내용의 발언을 하면, 아무리 내용이 같아도 받아들이는 느낌이 달라진다. 인간은 감정이 있고 감정은 사고에 영향을 미친다.

호감 가는 사람이 "운전할 때는 제한속도를 꼭 지켜요" 하면 '맞는 말이야, 역시 이 사람은 좋은 사람이군' 하고 생각하겠지만, 싫어하는 사람이 같은 말을 하면 '이런 융통성 없고 비현실적인 말을 하다니, 제한속도에 10km 정도는 더해도 문제없다고' 하며 반발할지도 모른다.

같은 사람이 같은 말을 해도 시간과 장소가 다르면 그 인상이 달라진다. 내용이 아닌 수사적인 부분 때문에 정보를 대하는 우리의 감수성이 만화경처럼 천변만화한다. 이는 피할 수 없는 인간의 숙명이다.

그런 만큼 그 부분에 대한 자각이 있어야 한다. 무언가 사물에 대해 사고할 때 내가 지금 수식어에 영향을 받는지 아닌지, 내용과 본질 중심으로 똑똑히 사고하고 있는지 항상 인식할 필요가 있다.

상식을 의심하라

상식을 의심하는 것도 중요하다. 이것도 일본인이 서툰 부분이다. 상식을 의심하라고 하면 "당신은 세상이나 다른 사람을 안 믿나 봐요?"라고 하는데, 결코 그런 의미가 아니다.

장사에서 가장 이익을 많이 보는 방법을 아는가? 정보 격차가 커서 전혀 의심할 줄 모르는 순수한 사람을 상대로 할 때, 혹은 다른 공급원이 없어서 독점 상태일 때 가장 큰 이익을 남길 수 있다. 이것은 태곳적부터 세계 공통의 진실이다.

에도시대 일본인도 그러했다. 에도 후기에 《간명해부서》(독일인이 쓴 해부학 입문서의 네덜란드어판) 같은 서양의 최신 학술·문화를 기록한 난학서[2]가 일본에 들어왔다. 난학서에 쓰인 것은 일본의 학문보다 훨씬 발전한 것이라 그 책을 읽고 지식을 습득하고자 하는 왕성한 수요가 있었다. 그러자 그것을 안 네덜란드인들은 다른 좋은 책이 또 있다며 원가 수만엔 정도의 책을 수백만엔, 수천만엔으로 부풀려서 팔아치웠다. 쇄국 탓에 책의 시세도 잘 모르고(= 정보의 비대칭), 책을 사 올 다른 방법이 없으니(= 독점 상태) 일본인은 큰 손해를 보면서도 책을 샀다. 집을 팔아 난학서를 산 학자도 있었다.

쇄국이 풀린 후에도 한참 동안 일본인은 손해를 보았다. 개국 초 외국으로 대량의 금화가 유출되었다. 당시 일본 내 금과 은의 가격은 약 1:5였다. 하지만 세계시장의 시세는 1:15였다. 일본에 온 외국인은 하나같이 은화 5개로 금화 1개를 구입해 홍콩 등에 가서 은화 15개를 받고 팔았다. 그들은 큰 노력 없이 돈을 3배로 불렸다. 엄청난 돈놀이였다. 이는 세계의 사정을 잘 모르는 막부가 상대방이 부르는 값을 그대로 받아들인 결과였다. 곧 사실을 눈치채고 대책을 강구했지만 이미 막대한 손실을 입은 뒤였다.

----

2. 에도시대에 서양 의학과 과학 지식이 일본에 보급되었고 이것이 학문 영역 중 하나로 정립되었다. 주로 네덜란드를 통해 전래되었기에 난학(蘭學)이라고 부른다.

문명개화 시기의 일본인이 아닌 현재의 우리도 상식을 적절히 의심하는 일이 필요하다. 상식을 의심하는 일이 널리 허용되지 않으면 악의 있는 사람들이 제멋대로 판치게 된다. 건강식품도 "이거 정말 효과가 있나? 유해성분은 없나?" 하고 확인하지 않으면 조악한 제품이 제멋대로 돌아다닐 것이다. 시민이 의심하지 않으면 정치가도 자의적인 정치를 펼친다. 장사도 정치도 의심할 줄 모르는 사람을 상대로 하는 것이 가장 쉬운 법이다.

상식을 의심해야 무법, 부정, 폭주를 단속할 수 있다. 시민 한 사람 한 사람이 상식을 의심함으로써 사회는 건전하게 발전하고 자정작용을 한다. 그것이 근대국가의 비판정신이며 독해력(literacy)이다. 독해력은 교양 그 자체라고 해도 과언이 아니다.

정부를 비판하는 것은 시민의 중요한 권리

독해력이란 원래 '글을 읽고 이해하는 능력'을 말하는데, 점차 '어떤 분야에 관한 지식과 그것을 활용하는 능력'을 지칭하게 되었다. computer literacy 등으로 사용하는 것이 전형적인 예다. '날카롭게 정보를 읽어내는 능력'이라는 의미로도 쓰여서 실질적으로 비판정신과 거의 비슷한 의미라고 할 수 있다.

일본인은 독해력이 낮다고 한다. 따라잡기 모델로 차고 넘치게 풍요롭던 일본 사회에서는 의심을 부정적으로 여기는 풍조가 있었다. 또 "하나가 되자, 한마음 한뜻"처럼 집단성을 존중하는 사고방식이 한결같이 예찬을 받았기 때문에 세상이나 타인을 의심하는 것은 좋지 않다는 분위기가 형성되었다.

"한마음 한뜻" 같은 말은 그것 자체는 듣기에도 좋고 바람직한 느낌을 준다. 하지만 거기에는 하나가 되지 않으려고 하는 자, 하나가 될 수 없는 자를 배제하는 논리가 작동하고 있다. 그것이 강해지면 이방인에 대한 공격으로 이어질 우려가 있다. 집단의 논리에 동조하지 않는 자는 부정한다는 발상으로, 이는 위험하다. 그 궁극적인 모습 중 하나가 옴진리교[3]다.

"하나가 되자"는 슬로건을 맹목적으로 따르다가는 어느새 주체성을 잃고 얼토당토않은 흐름에 휩쓸려 자신 또한 그 흐름의 선동자가 되어 있을지도 모른다. 모두 함께 하나가 되는 것이 정말로 좋은지 매번 자신의 머리로 확인하는 것이 훨씬 안전하다.

또 독해력이란 단순히 타인을 책망하는 것이 아님을 잘 알아두어야 한다. 정부를 비판하는 것은 시민의 중요한 권리다. 역사의 가르침대로 권력을 지닌 자에게 비판의 시선을 보냄으로써 권

---

3. 교주 아사하라 쇼코가 설립한 일본의 종교단체. 도쿄 지하철 사린 사건 등 극악무도한 범죄행위를 저질러 악명이 높다.

력이 폭주하는 것을 막을 수 있다. 하지만 때로는 정치가 개인을 향한 인신공격이나 꼬투리 잡기에 열중해 비판을 위한 비판을 하는 경우를 여기저기서 볼 수 있다. 야당이 정부를 비판할 때는 당연히 대안을 동반해야 한다. 시민도 최대한 대안을 제시하기 위해 고민해야겠지만, 쉽지는 않을 것이다.

우리 시민이 할 일은 우선 투표에 참여해 투표율을 올리는 것이다. 현재 정부가 마음에 들지 않으면 우리가 투표로 정부를 바꾸면 된다. 정부는 시민의 대립물이 아니다. 정부는 우리가 만드는 것이다. 정치에서 독해력의 핵심이 되는 것은 '정부는 우리 시민이 만드는 것'이라는 건전한 당사자 의식, 그 이상도 이하도 아니다.

기밀정보보다 큰 힘을 발휘하는 사고력

교양은 모르던 것을 알게 되는 것, 그 이상이다. 다치바나 다카시의 《다나카 가쿠에이[4] 연구》는 총리대신의 부정이라는 전후 최대 스캔들인 록히드 사건[5]을 파헤친 혼

---

4. 일본의 정치가. 총리 사임 후 록히드 사건으로 복역했다.
5. 미국의 군용 항공기 제조 회사인 록히드 사에서 1950년대 후반부터 1970년대까지 항공기를 팔기 위해 여러 나라에 뇌물을 뿌린 사건이다. 이 사건은 구 서독, 이탈리아, 네덜란드, 일본의 정치계에 큰 영향을 끼쳤다.

신의 보고서다. 그런데 내용을 읽어보면 개별적인 사실은 극비가 아니라 당시 여러 매체에 평범하게 보도된 내용으로만 이루어져 있음을 알 수 있다. 작가는 특별한 경로로 내부고발자로부터 정보를 입수해 보고서를 쓴 것이 아니라 공개된 정보를 공들여 모으고 그것을 깊이 파고들어서 내용을 구성한 것이다.

누구나 다 아는 정보, 혹은 이미 알려진 정보라도 통찰력을 발휘하면 다른 내용을 이끌어낼 수 있다. 극비사항을 얻으려 동분서주하고 스파이를 고용할 필요가 전혀 없는 것이다.

지금도 있는지 모르지만 약 20년 전, 중국에 생명보험회사를 세우려고 매월 방중하던 당시 북경에 현대연구소라는 조직이 있었다. 일종의 싱크탱크로, 연구 내용은 주로 일본의 사정을 파헤치는 것이었다. 연구소는 도쿄에 주재원을 보내 정보를 수집했는데, 주재원들은 딱히 007 스파이 같은 생활을 한 것이 아니라 일본의 신문, 주간지를 하나하나 읽고 계속 TV를 보았다고 한다. 일본의 보통 시민이 일상적으로 접하는 정보를 정성스레 듣고 보면 일본의 여론 동향, 핵심인물 프로파일링 등이 충분히 가능하다고 했다.

아랍 연구자인 이케우치 사토시는 《현대 아랍의 사회사상》이라는 훌륭한 저서로 '오사라기 지로 논단 상'을 수상했다. 이 책도 카이로에서 지극히 평범하게 팔리는 신문, 잡지를 상세하게 분석한 성과를 담고 있다.

결국 힘을 발휘하는 것은 기밀정보가 아니라 생각하는 힘이다. 사고력이 있으면 평범한 정보 속에서도 지금까지 남들이 보지 못한 진실을 찾아낼 수 있다. 이것이 교양의 힘, 지식의 힘이다.

인터넷 시대에도 신문이 유용한 이유

시사적인 사건에 대한 정보 수집은 신문으로 충분하다. 나는 매일 3종류의 신문을 읽는다. 발행부수가 많은 순으로 《요미우리신문》, 《마이니치신문》, 《닛케이신문》이다. 매일 아침 6시부터 7시까지가 신문을 읽는 시간이다. 일본 생명에 입사했을 때 선배에게 지도 받은 것을 계기로 신문 보는 습관이 생겼다. 막 입사했을 때 선배가 "데구치, 사회인의 정의가 뭐라고 생각해?" 하고 묻는데 잘 모르겠다고 답했더니 선배가 이렇게 말했다. "사회인이란 매일 아침 신문을 읽고 회사에 오는 사람이야."

그때부터 신문을 읽기 시작했다. 하나가 아닌 여러 신문을 읽으면 세상에서 지금 어떤 일이 일어나는지, 유행하는 것은 무엇인지 대체로 알 수 있다. 세상을 보는 가치관에도 통찰력이 더해진다. 나는 일단 신문의 헤드라인을 전부 읽는다. 헤드라인을 보고 흥미롭고 관심 가는 내용이 있으면 본문을 읽는다. 헤드라인이

100개 정도 있으면 대략 20개 정도의 기사를 읽는다.

예전에 신문은 속보성 미디어였다. 신문기자들은 특종을 잡으려 필사적으로 타사와 경쟁하며 밤을 새웠다. 하지만 이제는 인터넷의 속보성을 이길 수 없다. 화재 현장에 있던 사람이 스마트폰으로 사진을 찍어 곧바로 트위터나 페이스북에 올리는 시대다. 국회나 심의회에서도 방금 장관이 한 말을 트윗하는 국회의원이 있을 정도다. 데스크의 검토를 거쳐 기사를 싣는 신문은 구조적으로 인터넷의 속도를 따라잡을 수 없다.

그렇다면 현대 신문의 존재 의의는 무엇일까? 그것은 문맥이며 편집력이라고 본다. 신문사에는 정리부라는 부서가 있어서 세간에서 일어난 사건들을 매일 가치에 따라 서열을 매겨 늘어놓는다. 신문을 보면 헤드라인과 기사의 크기, 취급 방법 등으로 어떤 사건이 더 중요하게 여겨지는지 한눈에 알 수 있다. 이것은 참 중요한 구조다. 직관성과 일관성이라는 측면에서 아직 신문을 이길 것이 없다. 또 여러 신문을 비교해보면 신문사가 지닌 가치관도 잘 알 수 있다.

일본 신문에다 영어 신문을 더해서 읽으면 그 대상이 전 세계로 넓어진다. 나는 전 직장에서 해외업무를 담당할 때《파이낸셜 타임즈》나《이코노미스트》를 읽었다. 특히 젊은이라면 주 1회라도 좋으니 영어 신문이나 잡지를 읽기 바란다. 온라인으로도 쉽게 읽을 수 있다. 헤드라인을 들여다보는 것만으로 서양인들이 어떤 테마에 민감한지 어느 정도 알게 될 것이다.

중국의 리커창 총리 취임 때 국내외 신문의 큰 차이를 다시 한 번 느꼈다. 총리가 취임 후 첫 해외순방에서 독일의 포츠담을 방문하고 일본을 비판한 것에 대한 보도 방식에서 말이다. 일본의 신문은 '일부러 그 먼 독일까지 가서 일본을 비판할 필요가 있나'라는 논조가 대부분이었다.

이에 비해 외신은 '총리의 판단이 옳았다'고 보도했다. 포츠담은 제2차 세계대전에 종지부를 찍은 역사적인 장소 중 하나다. 리커창 총리는 포츠담이라는 장소를 선택함으로써 일본을 비판하는 것에 그치지 않고 제2차 세계대전 후 자리잡은 세계의 틀을 중국이 바꿀 마음이 없다는 명확한 메시지를 담았다며 숨은 의미를 예리하게 파악한 것이다. 이것도 교양이 가진 힘 중 하나가 아닐까?

꾸준히 정보와 지식의 양을 늘려라

런던 주재 시절, 금융업에 종사하는 일본인 10명 정도가 모여 공부 모임을 만든 적이 있다. 멤버가 매번 돌아가며 이야기를 하는 모임이었다. 금융 관계자 중심이라 아무래도 금융, 경제, 환율 같은 화제에 쏠리는 편이었는데, 가끔은 다른 분야의 이야기도 하자는 의견이 나왔다. 마침 장소도 런던이고 하니 예술 이야기가 어떨까 했다. 그런데 아무도 강사 역을 맡으려고 하지 않았다. 그러다 나에게 책임이 돌아와 3회에 걸쳐 서양미술사를 주제로 고딕 양식부터 20세기 미술까지 이야기한 적이 있다. 전문가는 아니지만 원래 미술광이기도 했고 미술관에 자주 다녔기에 나름대로 들려줄 내용이 있었다.

나는 사실 미술관 순례를 하기 위해 여행을 시작했다. 사무실에서 집으로 돌아오는 길에 위치한 런던 내셔널갤러리는 입장료가 무료라 틈만 나면 갔다. 너무 자주 갔더니 수상하게 여긴 미술관 직원이 어떤 목적으로 오느냐고 물었다. 평범한 직장인인데 그림을 너무 좋아해서 온다고 했더니 이사장에게 인사를 시켜주었고, 내셔널갤러리의 이사장과 밥을 먹는 행운도 얻었다. 나는 그 정도로 전 세계의 미술관을 많이 다녔고, 훌륭한 그림을 많이 보았다.

그림만 많이 본 게 아니라 화가와 작품에 얽힌 이야기도 아주 좋아해서 미술과 관련된 책을 상당히 많이 읽었다. 이른바 2차 자료다. 일반 서점의 서가에 꽂힌 책은 거의 다 읽었을 것이다. 여러 사람이 주장하는 설(說)도 대부분 알고 있다.

이처럼 미술에 관한 1차 자료(작품)와 2차 자료(책)를 대량으로 섭렵해둔 덕에 비전문가이지만 남 앞에서 서양미술사 이야기를 들려줄 수 있는 정도가 되었다. '배우지 말고 몸으로 익혀라'라는 말이나 '서당 개 3년이면 풍월을 읊는다' 같은 속담처럼, 어떻게 든 대량의 정보를 접하면 절로 그 분야에 조예가 깊어진다. 좋아하는 분야라면 이러쿵저러쿵할 것 없이 정보 수집을 할 것, 꾸준히 지식의 양을 늘릴 것, 이것 또한 지식 축적의 비결이다.

행동을 습관화해 판단과정을 간략히 하라

교양을 키우려면 생활습관 속에 공부 시간을 마련해야 한다. 매일 아침 3종류의 신문을 읽고 잠들기 전 1시간 책을 읽는 것은 이를 닦는 것과 마찬가지로 내 생활습관의 일부다. 나는 원래 대단히 게으른 인간으로, 각 행동에 대해 하나하나 생각하고 판단하는 것을 귀찮아하고 싫어한다. 그래서 여러 행동을 대상으로 기준을 미리 세우고 규칙화해서 그에 따라 기계적으로 움직이려고 한다.

지금 나는 이 책을 출판하기 위해 움직이고 있는데, 책 출판에도 규칙이 있다. '출판은 넓은 의미로 라이프넷생명을 홍보하는 효과가 있으니 일정을 짜고 그 속에서 대응할 수 있는 것은 기본적으로 수락한다'는 규칙이다. 이렇게 규칙을 만들어 행동을 표준화해두면 출판 의뢰가 올 때마다 어떻게 할지 고민할 필요가 없다.

강연에 대한 규칙도 있다. '이 또한 라이프넷생명을 홍보하는 좋은 기회이니 들어주는 사람이 10명 이상이라면 월간 계획과 겹치지 않는 범위 내에서(본업이 최우선이므로) 가능한 한 수락한다'는 것이다. 역시 각 의뢰별로 수락 여부를 고민하는 것이 귀찮아서 10명 이상이라는 기준을 만들어두었다.

강연을 계속 수락하면 일에 방해가 되지 않느냐고 물을지 모른다. 하지만 강연은 대부분 개인 주최자가 부르는 것으로, 대개 밤이나 주말에 있다. 생명보험사의 대표는 거의 매일 거래처와 회식을 하고 지점을 돈다. 주말에는 거래처와 골프 약속도 있다. 나는 회식과 골프 대신 강연을 하러 다니는 것뿐이지 소비하는 시간은 다른 생명보험사 대표와 거의 같다. 또한 대개 젊은 층이 강연을 요청하기 때문에 라이프넷생명의 상품과 서비스에 대한 시장의 목소리를 직접 들을 중요한 기회이기도 하다.

규칙화의 포인트는 예외를 만들지 않는 것이다. 규칙은 자기 자신이 신중하게 판단해서 정한 것이다. 따라서 규칙만이 일을 진행하는 유일한 판단기준이 되어야 한다. 다른 이유를 대거나 거절하는 식의 변덕은 절대 허용하지 않는다. 한 번이라도 예외가 생기면 규칙이 혼란스러워진다. 게다가 무엇보다 공정하지 않다.

나는 라이프넷생명의 모든 직원에게 내 일정이 비어 있으면 누구라도 만날 테니 일방적으로 약속을 잡으라고 말해두었다. 만약 이 규칙에 예외를 둔다면 직원들은 개별적으로 물어봐야 안심이 된다고 느낄 테고 규칙은 의미를 잃는다. 직원뿐만 아니라 사외의 사람들에게도 폐를 끼치게 된다.

뒤에서도 이야기하겠지만, 2년 전부터 직원들의 요청도 있고 SEO(검색엔진 최적화)에 대한 대책도 될 것이란 생각에 서평을 쓰기 시작했다. 이때 '다 읽고 재미있었다고 감탄한 책만 쓴다'는 규칙을 정했다. 그래서 이전에 신세를 진 분이 서평을 부탁해도 죄송하다며 모두 거절하고 있다.

규칙에 따라 행동하면 시간과 에너지가 남는다. 그만큼 도중에 그만두는 일 없이 전력투구할 수 있다. 규칙 자체를 폐기하지 않는 한 끝까지 지킨다. 하던 일을 중간에 멈추면 그때까지 들인 노력과 시간이 물거품이 되어 사라진다. 나는 그것이 너무 아깝고 싫어서 일단 시작하면 전력투구한다. 100명이 듣든 10명이 듣든 모든 강연은 그 순간 딱 한 번 일어나는 일이므로 완전히 똑같은 마음가짐으로 열심히 임한다.

이렇게 규칙을 지켜 전력투구하면 어느새 큰 성과를 손에 넣게 된다. 나는 '자기 전 1시간 책 읽기'라는 규칙을 젊어서부터 쭉 실천했다. 덕분에 정확히 수를 센 적은 없지만 족히 1만권은 넘게 읽었을 것이다. 판단을 생략해 시간을 아끼는 것과 더불어 규칙화로 얻을 수 있는 간과할 수 없는 효용이다.

"철저한 성격의 사람만이 규칙을 다 지킬 수 있는 것 아닌가?" 하는 질문을 많이 받는다. 노력해도 규칙을 어기게 되면, 즉 게으름을 피운다면 그 규칙이 정말 나에게는 절실하지 않은 것이라고 생각한다. 정말 필요한 규칙이라면 계속 지키고 있을 터. 잘 지키지 않는다면 나에게 꼭 필요하지 않은 규칙이라는 것을 알려주는 증거가 아닐까? 나에게 필요한 규칙을 한번 정한 후 몇 년이고 묵묵히 계속하다 보면 식사 후 양치질처럼 생활습관이 되어버리므로 규칙을 지키는 것이 전혀 어렵지 않다.

가까운 사람을 목표로 삼아라

사람은 가깝고 구체적인 목표가 있어야 꾸준히 노력할 수 있다. 인간 심리가 참 묘하다 싶지만, 이를 활용하는 것도 나름의 비결이다.

일본생명에 입사해 얼마 지나지 않았을 무렵 오사카 본사의 기획부로 이동하게 되었다. 기획부의 일은 장기경영계획 입안, 조직개편 등 재미있는 일은 아니었는데 당시의 나는 일의 내용을 전혀 몰랐다. 그때 다섯살 많은 상사가 있었는데 무엇을 물어도 모르는 것이 없었다. 내 눈에는 뭐든 다 알고 있는 사람이었다. 그래서 나는 그 사람을 목표로 삼았다. '1년 후 저 상사보다 아는 게 많은 사람이 되자'고 내 마음대로 목표를 설정하고 공부했다.

막연히 공부하자고 생각하는 것보다 구체적인 목표가 눈앞에 있으면 자극도 되고 지금 내가 얼마나 부족한지도 명확히 알 수 있다. 옛 일본흥업은행 산업조사부에 파견되어 철강반에 배속되었을 때는 철강업에 대해 상세히 아는 사람이 있어서 '반년 후에는 이 사람보다 많은 걸 익히자'고 목표를 설정했다.

그때그때 가까운 목표를 찾아내는 것이 성장의 비결이다. 구체적인 목표를 눈앞에 둠으로써 나는 확실히 성장할 수 있었다. 이 비결은 당연히 취미에도 응용할 수 있으므로 와인 공부를 하려면 와인을 잘 아는 사람을 목표로 삼으면 된다.

나는 원래 게으른 사람이라 구체적인 목표와 계기가 없으면 좀처럼 공부하지 않는 성격이다. 이런 나에게 가장 좋은 방법이었으니 여러분도 꼭 시도해보기 바란다.

옆 사람의 힘을 빌려 의욕을 키운다

인센티브, 즉 동기부여 방법도 여러모로 생각해봐야 한다. 오사카대학에서 강연이 끝난 후 한 남학생이 다가와 물었다.

"저는 오사카대학에 입학하면서 1주일에 1권씩 책을 읽겠다고 결심했습니다. 그런데 이런저런 일로 바빠서 한 달에 1권도 못 읽고 있어요. 어떻게 하면 좋을까요?"

여자친구가 있느냐고 물었더니 막 사귀기 시작했다고 했다. 그래서 이렇게 조언해주었다.

"곧장 여자친구한테 가서 '오늘부터 반드시 1주일에 1권씩 책을 읽겠습니다. 내가 그렇게 못하거든 날 차버리세요'라고 말해 보게나."

농담처럼 들릴지 모르지만, 이처럼 다른 사람을 끌어들이는 것이 동기부여의 한 방법이 될 수 있다.

참고로, 이때 옆에서 듣고 있던 학생이 "여자친구가 없는 저는 어쩌면 좋을까요?" 하고 물었다. 그래서 그 학생에게는 "그럼 트위터나 페이스북으로 전 세계를 향해 선언해보는 건 어떤가?" 했더니 정말 트위터에 '1주일에 책 1권 읽기'를 선포했다. 전 세계를 상대로 선언한 이상 맹세를 깨면 못난 사람이 되니 지킬 수밖에 없을 것이다.

일이나 공부를 잘하는 사람을 지켜보면 머리가 좋거나 재능이 뛰어난 것은 물론 자신의 의욕을 끌어올리는 것에 능숙하다는 느낌을 받는다. 의욕을 잘 끌어내기 위해 다른 사람을 이용하는 것은 매우 효과적이다.

앞에서 일본의 대학생은 재학 중 책을 약 100권밖에 읽지 않는다는 조사결과를 소개했다. 이 또한 동기부여가 부족하기 때문이다. 경제학과 교수가 "시험은 애덤 스미스의 《국부론》에서 출제한다. 그리고 60%만 시험에 통과할 수 있다"고 선언하면 그냥 내버려둬도 모두 필사적으로 《국부론》을 읽을 것이다. 또 일본경제 단체연합회나 전국은행협회 등의 회장이 "토플 100점 미만은 면접에 참가할 수 없다"고 잘라 말하면 학생들의 영어 실력이 쑥쑥 올라갈 것이다.

기업이 채용면접의 질문을 세계 수준에 맞게 "자네는 왜 그 전공을 선택했고, 성적은 어떠했고, 무엇을 배웠나?"라고 묻는다면 대학생의 공부 부족은 순식간에 해결될 것이다. 동아리 활동이나 아르바이트 경험을 묻는 시시한 질문만 이어진다면 대학생은 공부하지 않는다. 이 또한 사회의 구조적인 문제라고 생각한다.

건강관리의 기본은 건강에 너무 신경 쓰지 않는 것

마지막으로 건강관리 이야기를 해보자. 심신을 잘 관리하는 것은 사회생활을 제대로 하는 데 대단히 중요하다. 나에게는 라이프넷생명의 회장 겸 CEO라는 역할이 있으므로 내 건강관리는 개인의 문제가 아니라 회사의 기능을 유지하는 데도 중요하다.

나는 잠이 부족하면 못 견디는 사람이라 대체로 자정에 잠자리에 들어 아침 6시에 일어난다. 휴일에는 8~9시까지 잔다. 젊을 때부터 이것이 습관이 되어 "취미는 무엇인가요?" 하는 질문에

"잠입니다"라고 답할 정도로 잘 잔다. 잠도 쉽게 드는 편이라 어디서든 2~3분 이내에 잠이 든다. 수면은 내 건강을 지탱하는 중요한 기둥이다.

그다음으로 잘 먹는 것이 중요하다. 초등학교 때 급식이 모자라 늘 배가 고프던 기억 때문에 편식은 전혀 하지 않는다. 수면과 식사에 더해 최근에는 1주일에 한 번꼴로 피트니스 클럽에 가려고 하는데, 일이 바빠서 결국 한 달에 한두 번이 되고 만다. 그래도 적어도 한 달에 한 번은 꼭 간다.

철이 들고 나서는 한 번도 큰 병을 앓은 적이 없다. 감기로 열이 나더라도 잘 먹고 푹 자면 2~3일 이내에 떨쳐낼 수 있다. 아파서 일을 쉰 적은 한 번도 없다. 건강한 몸으로 낳아주신 부모님께 정말 감사드린다.

이 나이(현재 67세)에도 건강을 유지하고 있는 것은 건강하게 타고난 데 더해 건강을 그다지 염려하지 않은 덕분이라고 생각한다. 병은 마음먹기에 달렸다는 말이 있는데 내가 딱 그렇다. 병에 대해 걱정하다가는 그것이 오히려 병이 되어버린다. 온 힘을 다해 하고 싶은 일을 하고, 생각한 것을 솔직하게 말하고, 좋아하는 것을 먹고, 친구와 즐겁게 이야기하고, 푹 잘 자는 것이 건강에 가장 좋다.

숫자·팩트·논리 어쩌고 하더니 건강 문제는 대강이라고 생각할지 모르지만 절대 그렇지 않다. 흥미로운 조사결과가 있다.

전 세계에서 가장 약효가 좋다는 약도 그 효능은 대개 70~80%라고 한다. 즉 10명에게 투여해 7~8명에게는 효과가 있다는 평가를 받는 것이다. 그런데 이 70~80%를 좀더 분석해보니 그중 40~50%가 플라시보 효과(가짜 약을 진짜 약인 줄 알고 먹으면 실제로 증상이 좋아지는 효과)라고 한다.

즉, 시판되는 약 중 가장 효과가 좋다는 약도 생화학적으로 효과가 있는 것은 30~40%에 지나지 않는 셈이니, 병이란 우리 마음과 기분에 의해 좌우된다 해도 과언이 아니다. 뒤집어 말하면, 늘 건강을 잃을까 걱정해서 움찔움찔 긴장해 생활하면 실제로 건강을 잃을 가능성이 높다는 말이다. 병은 마음먹기에 달렸다는 것은 단순한 정신론이 아니라 근거가 있는 이야기다.

{ 4장 }

교양수업 1.
책 읽기

호기심이 나를
책벌레로 만들었다

　나 자신이 교양인이라고 생각한 적은 한 번도 없지만, 나에게 얼마간의 교양이라는 것이 있다면 그것은 책·사람·여행이 키워준 것이다. 나는 지금까지 살면서 책·사람·여행에서 많은 것을 배웠다. 굳이 비율로 나눠보자면 책이 50%, 사람이 25%, 여행이 25% 정도 아닐까?

　다양한 책을 읽고 여러 사람을 만나고 온갖 장소로 여행을 다녀오면서 '세상에는 이만큼 멋진 곳이 있고 이렇게나 훌륭한 사람들이 있구나' 하며 그 넓이와 풍요로움을 새삼 실감했다. 동시에 내가 얼마나 작은지, 그리고 어린지 잘 알게 되었다. 책·사람·여행은 언제나 나의 크기를 일깨워주어 겸허할 수 있도록 해주었다. 책·사람·여행은 내 인생의 이정표였다.

그렇지만 나는 이 3가지로부터 꼭 무엇을 배워야만 한다고 생각하지 않았다. 나를 움직이는 것은 무엇보다 '재미'라는 감각이다. 즐기는 자를 이길 수 없다는 말처럼, 재미있어서 책을 읽고 즐거워서 사람을 만나고 흥겨워서 여행을 떠났다. 만사 그런 흐름으로, 나의 가치관에는 항상 재미가 최상위에 있었다.

나는 1948년 4월, 미에 현 스기무라 시모타게에서 태어나 철이 들 무렵부터는 이가 우에노에서 자랐다. 집 바로 앞에 산이 있고 주변에 민가가 4~5채밖에 없는 산골이었다. 풍요로운 자연 속에서 맑은 날이면 네살 아래 남동생과 투구풍뎅이를 잡으러 가거나 붕어 낚시를 하고 때로는 송이버섯을 캐러 다녔다. 하지만 비가 오는 날은 어디도 가지 못했다. 그런 날은 아무것도 할 일이 없다 보니 집 안에서 책을 읽었고, 그런 생활이 나를 책벌레로 만들어 주었다.

나는 호기심이 왕성한 아이였고, 종종 하늘을 올려다보면서 태양은 별이나 달보다 크고 뜨겁고 무거워 보이는데 어째서 하늘에서 떨어지지 않는지 궁금해했다. 궁금한 것이 생기면 부모님에게 달려가 물어보았는데 부모님도 '왜? 어째서?' 이런 질문이 귀찮으셨는지 어느 날은 《왜 그럴까? 왜일까?》(스가이 준이치 외 편)라는 책을 사주셨다. 그 책은 태양이 떨어지지 않는 이유를 "돌에 끈을 묶어 빙글빙글 돌려보렴. 무거운 돌도 떨어지지 않지"라고 설명했다. 그것을 읽으며 눈앞이 확 밝아지던 느낌을 지금도 기억한다. 그것이 일종의 원체험이 되어 '책을 읽으면 여러 가지 사실을 알 수 있고 즐겁다'는 느낌으로 책에 빠져들었다. 호이쿠샤(保育社)의 원색도감 시리즈도 꽤 열심히 읽었다. "이 책을 보면 웬만한 곤충 이름은 다 알겠어, 정말 멋진걸!" 하며 감탄한 기억이 난다.

초등학교를 졸업할 무렵 고단샤(講談社)에서 《소년소녀 세계문학 전집》이라는 50권짜리 시리즈가 간행되기 시작했다. 부모님은 내가 책만 있으면 얌전해지니 꽤 비쌌을 텐데도 책을 사주셨다. 한 달에 1권씩 시리즈가 나왔는데 이것이 무척 재미있었다. 유명 영웅 이야기, 역사 이야기 등 세계 명작이 모조리 수록되어 있어서 오늘 내가 지닌 지식의 기반이 되었다고 생각한다. 이 책들은 지금도 본가에 모두 남아 있다.

학교 공부보다 독서를 좋아한 학창 시절

초등학교와 중학교 시절에는 학교 도서실에 있는 책을 모두 읽어치웠다. 문학에서부터 역사, 과학 등 장르를 가리지 않고 몽땅 읽었다. 이른바 난독(亂讀)이었다.

고등학교에 올라가서는 공부가 싫어졌다. 좋아하는 책을 읽는 쪽이 더 재미있고 학교 공부 탓에 책 읽을 시간이 줄어드는 것이 싫었다. 지루한 수업시간에는 의자를 뒤로 돌리고 책을 읽기도 했다. 우문이라 생각해서 시험 답안지를 백지로 낸 적도 있다. 그러다 보니 부모님이 호출되어 '댁의 아드님은 재미있는 학생이지만 태도가 좋지 않다'며 주의를 받기도 하셨다. 지금 생각하면 부모님에게 몹쓸 짓을 했다. 또 고등학교 때는 산악부에 들어가 주말마다 산에 올라갔다.

당연하게도 고등학교 성적은 들쑥날쑥했다. 공부하지 않으면 금방 20~30등까지 떨어져서 벽에 붙은 성적표를 보고 동아리 선배가 깜짝 놀라 걱정하기도 했다(옛날에는 이런 식으로 이름과 성적을 공개했다). 그러다 좀 정신 차리고 공부하면 또 1등으로 올라서는 식의 반복이었다. 결코 모범적인 학생은 아니었지만 그때부터 집중력은 좋았던 듯하다.

종일 책을 읽던 행복한 날들

이제 와 생각하면 진땀 나는 이야기지만 대학은 교토대학 법학부 딱 한 군데밖에 원서를 내지 못했다. 막상 시험을 보니 문제가 너무 어려워서 '떨어지면 어쩌지? 한 군데라도 더 넣을걸!' 하고 후회한 시골뜨기 바보였다. 다행히 붙긴 했지만.

법학부는 내가 원해서 선택한 것은 아니었다. 고등학생이 되고 나니 나는 무엇을 해도 딱히 재능이라 할 것이 없는 인간임을 깨달았다. 중학교, 고등학교 때는 육상부에서 단거리를 뛰었는데 어떻게 해도 100미터에 12초 플랫 이상은 기록이 늘지 않았다. 단거리 선수라 불리는 사람들은 11초대로 달리는데, 아무래도 나에게는 재능이 없었나 보다. 문학도 좋아해서 작가의 길은 어떨까 싶어 투고를 해보았는데, 이쪽도 아주 가끔 가작 끄트머리에 겨우 걸리는 정도였다. 읽는 능력은 있어도 쓰는 능력은 없나 보다 하며 역시 마음을 접었다.

요컨대 나는 대부분 보통 정도는 할 수 있지만 딱히 빼어난 재능은 없는 인간임을 알게 된 것이다. 그럼 가장 쓸모가 많은 공부를 하자 싶어서 고른 것이 법학부였다. 그리고 집에서 가장 가까운 국립대학에 가자는 가벼운 마음으로 결정한 곳이 교토대학이었다.

대학 입학 후에는 충격을 받았다. 고등학교까지는 꽤 많은 책을 읽었다 생각했는데 내가 주로 《티보 가의 사람들》, 《카라마조프가의 형제들》, 《겐지 이야기》 같은 문학서만 읽은 것에 비해 도쿄나 오사카에서 온 동기들은 마르크스, 레닌, 트로츠키 등을 읽고 있었기 때문이다. 그래서 그들이 무슨 이야기를 해도 전혀 이해하지 못하고 대화를 따라가지 못했다. "너 마르크스 읽어봤어?"라고 묻기에 솔직하게 "이름만 들어봤어"라고 했더니 바보 취급하며 상대해주지 않았다. 나름의 문화 충격이었다.

그만큼 다들 마르크스, 레닌을 읽고 있으니 엄청나게 재미있는 책이겠거니 하며 나도 읽어보자 해서 그때부터 철학과 사회과학 책을 집중해서 읽기 시작했다. 마르크스, 레닌을 읽고 나서 헤겔, 칸트로 거슬러 올라가 마지막에는 아리스토텔레스, 플라톤에까지 이르렀다. 늦깎이 입문자였던 나는 그 과정에서 주오코론샤(中央公論社)의 《세계의 명저》(전 81권)에 큰 신세를 졌다. 사회과학 계열 명작을 얼추 다 읽고 나니 조금은 이해가 가는 기분이었다.

내가 대학에 입학한 것은 1967년으로, 얼마 지나지 않아 전공투운동[1]이 일어나 학사가 점거되어 수업은 거의 듣지 못했다. 하숙집에서 책을 읽고 친구와 토론하고 또 줄곧 책을 읽는 생활이 계속되었다. 책에 푹 빠져 살며 하루 14~15시간은 독서를 했다. 그런 생활이 장장 2년 동안 이어졌는데, 인생에서 가장 행복한 시기 중 하나였다.

TV와 골프를 버리면 독서 시간이 생긴다

사회인이 된 후에는 일이 바빠서 책 읽을 시간이 확 줄었다. 그래서 '자기 전 1시간 책 읽기'라는 규

---

1. 전공투는 '전국 학생 공동 투쟁 회의'의 약자다. 일본 공산당을 보수주의 정당으로 규정하고 도쿄대학을 중심으로 시작된 학생운동이다.

칙을 세웠고 지금까지도 유지하고 있다. 이동시간도 활용하기에 좋다. 통근하는 지하철 안이나 비행기 안에서 자는 시간 외에는 계속 책을 읽는다.

일본생명 시절, 30세에 상경해 13년 동안 계속 MOF[2] 담당으로 대(對) 금융행정 업무를 보았다. 업무 특성상 사람들을 만나는 일이 잦았고 매일 밤 술자리를 하다 집에 도착하면 새벽 2~3시가 되는 일이 보통이었다. 하지만 아무리 취해서 돌아와도 자기 전 1시간 책 읽기 규칙은 꼭 지켰다. 30대부터 40대 전반까지의 이야기다.

그 대신 골프는 치지 않았다. 평일 저녁 술자리에 주말 골프 모임까지 하면 책 읽을 시간이 전혀 안 나온다. 골프를 못 친다고 계속 거절하며 주말 독서 시간을 확보했다. 책과 골프를 비교해 골프를 버린 것이다. 또 하나, TV도 전혀 보지 않았다.

피가 되고 살이 되는 반복 읽기

내가 책을 읽는 방법은 All or Nothing이다. 중간은 없다. 무슨 뜻인고 하니, 본문을 읽기 시작해 5~10쪽 정

---

2. Ministry Of Finance, 재정부서.

도에서 재미있다고 생각하면 마지막까지 읽고, 그렇지 않으면 그 시점에서 책을 덮어버린다. 내 경험상 처음 5쪽이 재미있지 않은 책은 끝까지 읽어도 재미가 없다. 저자는 독자들이 책을 읽어주었으면 하는 마음에서 처음부터 공을 들여 쓸 텐데 그 처음이 재미없는 책이 뒤에 가서 흥미진진해질 리가 없기 때문이다. 그럴 때는 내 인연이 아니다 생각해 단호히 책을 내려놓는다. 반대로 처음 5쪽을 재미있게 읽은 책은 반드시 끝까지 다 읽는다.

일단 읽겠다고 정하면 차분히 읽어나간다. 절대 서두르지 않는다. 읽다가 잘 모르는 부분이 나오면 이해가 갈 때까지 몇 번이고 반복해서 그 부분을 읽는다. 사람들은 빨리 다 읽고 싶은 마음에 부분 반복 읽기를 잘 하지 않는다. 하지만 반복해서 읽음으로써 처음에 모르던 부분을 점차 제대로 알게 되고 마침내 머릿속에 입력된다.

빨리 다 읽어버리려는 마음에 잘 모르는 채로 계속 책장만 넘기는 것은 음식을 제대로 씹지도 않고 계속 입에 넣는 것과 같다. 당연히 소화불량에 걸린다. 빨리 읽어서 단시간에 1권을 독파하면 그 후에도 자신의 피와 살로 남는 게 없고, 방금 다 읽었는데도 무슨 내용인지 가물가물할 것이다. 저자의 주장을 완벽히 이해하지 못하면 독자의 의식이 반감된다. 실로 아까운 일이다.

모르는 부분을 반복해 읽는 것이 답답하게 느껴질지 모른다. 하지만 바쁠수록 돌아가라는 말처럼, 책의 내용을 나의 피와 살로 남기기 위해서는 결국 반복 읽기가 지름길이다.

백해무익한 속독

차분히 읽기의 반대말은 속독이다. 효율적인 독서법이라며 일부에서는 인기가 높다. "독서 속도 10배로 1권을 15분에 읽는다"고 주장하는 방법서도 꽤 많다.

하지만 나는 속독을 권하지 않는다. 속독은 백해무익이다. 독서는 사람(저자)의 이야기를 듣는 것과 마찬가지인데, 남의 말을 정중히 듣지 않고서 어떻게 내 것으로 만들겠는가? 무엇보다 내가 쓴 책을 다른 사람이 속독으로 읽어버린다고 생각하면 서운하다.

인스턴트는 어차피 인스턴트. 급조한 것에는 한계가 있다. 필요한 시간을 충분히 들여야 양질의 독서가 된다. 아무리 빨리 읽어도 책 내용이 나의 피가 되고 살이 되지 않는다면 읽은 의미가 없다. 로마제국 초대 황제인 아우구스투스는 "천천히 서두르라"는 명언을 남겼다. 빠른 정보 습득이 목적이라면 차라리 위키피디아에서 검색하는 게 더 낫지 않을까?

독서 속도를 올리는 효과적인 방법은 다독이다. 이 무슨 선문답인가 싶겠지만 사실이다. 영어를 잘하는 사람이 어설프게 아는 사람보다 영어 문장을 더 빨리 잘 읽을 수 있는 것과 마찬가지다. 영어를 잘하는 사람은 단어를 대부분 알고 있어서 술술 읽어나가지만 그렇지 않은 사람은 모르는 단어가 나올 때마다 멈춰서 사전을 뒤져야 하므로 시간이 오래 걸린다.

독서도 똑같다. 사람 이름, 전문용어, 다양한 개념 등 지식의 축적이 많을수록 머뭇거릴 일이 줄어든다. 지인이 세계사 책을 읽는 데 시간이 엄청나게 많이 걸렸다고 한 적이 있다. 그 사람은 세계사 수업을 듣지 않았기 때문에 세계사에 대한 지식이 빈약해서 모르는 이름이 튀어나올 때마다 위키피디아로 검색해보느라 시간이 걸렸다고 한다.

세계사 지식을 어느 정도 지닌 사람이라면 그 사람이 멈칫한 부분을 모두 술술 넘겨서 훨씬 짧은 시간 내에 읽어냈을 것이다. 책을 읽는 데 걸리는 시간은 단순히 눈으로 글자를 따라가는 속도와는 다르며, 그 사람이 지닌 지식의 양에 의해 결정된다.

새로운 분야를 공부할 때는 두꺼운 책으로 시작하라

지금은 라이프넷생명을 경영하느라 바쁘다 보니 독서량이 일반 샐러리맨이던 시절에 비해 급감했다. 1주일에 평균 3~4권으로 겨우 유지하고 있다. 나는 책벌

레라 평균적인 사람보다는 읽는 속도가 빠르지만, 그래도 한 부분도 건너뛰지 않고 다 읽어서 이 정도 권수를 유지한다.

무언가를 배우기 위한 독서법에는 나름의 방법론이 있다. 새로운 분야를 공부할 때는 일단 도서관에서 그 분야의 두꺼운 책을 5~6권 빌려서 읽기 시작한다. 두꺼운 책에서 시작해 점점 얇은 책으로 읽어간다. 이것이 새 분야를 익히는 나의 독서 규칙이다.

두꺼운 책에는 상세하고 깊은 내용이 담겨 있어서 처음에는 무슨 말인지도 모르면서 읽느라 힘들다. 하지만 그 분야에 대해 공부하겠다고 결정한 이상 인내하며 정성스레 읽어야 한다. 그래도 보통은 부분적으로만 이해가 가므로 처음 읽는 책은 '점의 이해'로 만족한다.

2권째는 점과 점이 연결되어 이해하는 부분이 조금씩 넓어진다. '선의 이해'다. 두꺼운 책을 5권쯤 읽고 나서 얇은 책을 읽으면 그때까지 점으로 남았던 것이 모두 선으로 연결되어 점차 전체상이 눈에 들어오고 순식간에 '면의 이해'로 넓어진다. 그렇게 이전에 읽은 모든 책의 내용이 동시에 이해된다.

이런 식으로 한 달의 시간을 들여 10권 정도 읽으면 충분하다. 그 분야의 전문가를 만나 대화를 해도 무슨 말인지 이해가 되고 대화가 즐거워진다. 나는 이런 방법으로 새 분야를 개척한다.

일반적으로 입문서는 얇은 책을 고르지만, 처음에 얇은 책으로 읽어버리면 대강 개념이 잡힌 듯한 느낌이 들어 더 두꺼운 책은 읽지 않게 된다. 이제 다 안다 싶어서 수고로운 책 읽기를 포기하는 것이다.

회사생활 중에도 '천국 → 지옥'보다는 '지옥 → 천국' 순이 낫다는 우스갯소리가 있다. 처음에 지옥 같은 상사 밑에서 일하는 편이 나중에 수월하다는 뜻이다. 비즈니스맨 1년 차에는 좌우도 분간을 못 한다. 아무리 상사가 지옥 같아도 '사회생활이 원래 이런 거구나' 하며 자연스레 내성이 생긴다. 그 후 부처님 같은 상사를 만나면 천국처럼 느껴질 것이다. 하지만 순서가 반대라면 비극 그 이상도 이하도 아니다.

독서도 마찬가지다. 처음에 얇은 책으로 입문하면 빈약한 지식만 몸에 익히게 되어 교양 함양에 별 도움이 되지 않는다. 처음에 어렵게 시작해서 후에 편해지는 것이 훨씬 좋다. '천국에서 지옥으로'가 아니라 '지옥에서 천국으로' 가는 독서법을 권하고 싶다.

베스트셀러 순위는 내용의 질을 반영하지 않는다

베스트셀러 순위를 참고로 책을 고르는 사람들이 있다. 단순히 서점 매출 상위의 책이 아니라 최근에는 분야별 베스트셀러나 세대별 베스트셀러 등 다양한 기준으로 나누어 순위를 매긴다.

하지만 나는 베스트셀러 정보로 책을 고르지 않는다. 베스트셀러는 따지고 보면 맛집에 늘어서는 대기열 같은 것이다. 처음에 어쩌다가 생긴 줄을 보고 사람들이 뒤에 서고 그렇게 계속해서 줄이 길어지는 식이다. 그래서 베스트셀러 순위는 내용의 질을 반영한다고 볼 수 없다. 지금 잘 팔리고 많은 사람이 읽고 있다는 단순한 정보를 전해주는 것에 지나지 않는다.

또 다른 책의 정보로 서평이 있다. 이쪽은 크게 활용할 만하다. 기회가 있을 때마다 언급하는데, 특히 신문의 서평란은 신문에서 가장 질이 높은 섹션이라고 생각한다. 서평은 각 분야의 전문가가 자기 이름을 내세우고 집필한다. 어설픈 내용을 썼다가는 동종업계 사람들에게 비웃음을 당할지도 모르니 꽤 열심히 쓰게 된다. 자기 이름을 내건 전문 기사는 저절로 질이 높아지는 법이다. 실제로 신문 서평을 보고 끌린 책은 거의 예외 없이 재미있었다.

지금은 업무가 바빠서 좀처럼 서점에 갈 시간이 없기 때문에 책 찾기의 70~80%를 신문 서평에 의지하고 있다. 서평은 책의 콘텐츠를 언급한다. 이 책은 어떤 내용을 담고 있고 어떤 면에서 흥미롭다는 식이다. 서평이 질을 담보하는 지침인 것과 대조적으로 베스트셀러는 그저 양적인 정보다.

베스트셀러 정보에 의존하지 않는 것은 내 독서 취향이 다른 사람들과 다르기 때문이기도 하다. 많은 사람에게 인기 있는 책과 내가 좋아하는 책은 상당히 다르다. 그래서 베스트셀러 정보를 보고 책을 골라도 만족스러운 결과가 나온 적이 별로 없다. 책 취향은 십인십색이다. 사람마다 좋아하는 배우가 다른 것과 마찬가지다. 그러므로 베스트셀러를 보고 고르는 것보다 내가 어떤 취향의 책을 좋아하는지 자각하는 것이 훨씬 더 중요하다.

신문의 서평란에 대해 덧붙이자면, 꽤 균형 있게 책을 선정한다는 점도 높이 평가하고 싶다. 문학부터 과학까지 다양하다. 일본뿐만 아니라 해외의 훌륭한 책도 소개한다. 신문 서평에 따라 책을 고르면 자동으로 균형 잡힌 독서를 할 수 있다. 마치 영양사가 짜주는 균형 잡힌 식단대로 먹는 것과 같다. 신문 서평을 참고해 책을 읽는 것은 좋은 독서법 중 하나다.

고전은 무조건 훌륭하다

당연한 말이지만 이왕이면 좋은 책을 읽어야 한다. 스키를 배울 때 엄격하지만 뛰어난 프로에게 배우는 것과 친절하지만 서툰 친구에게 배우는 것은 실력에서 확 차이가 난다. 책도 마찬가지다.

그런데 어떤 것이 훌륭한 책일까? 우선 고전은 무조건 훌륭한 책이라고 말할 수 있다. 수십년, 수백년간 무수한 사람들의 눈을 견디고 시장에서 살아남은 것이 고전이다. 100년 이상 살아남은 작품은 일단 틀림없다. 어떤 이유로 살아남았는지 저마다 사정이 있겠지만, 시대가 변해도 지속적으로 가치를 인정받은 것이 고전이다.

읽을 만한 책이 당장 눈에 띄지 않는다면 우선 고전을 읽어보라고 권하고 싶다. 고전은 훌륭한 프로 코치다. 엄격한 코치에게 배우는 것처럼 익숙해지기까지 힘은 좀 들겠지만 확실한 배움이 있을 것이다.

끌리면 읽어라

책을 만나는 것도 일종의 인연이다. 조금 독특하게 책을 골라보는 것도 재미있다. 언뜻 보았을 뿐인데 잊히지 않는 사람이 있다. 늘 새빨간 넥타이를 매고 초록색 셔츠를 입은 사람은 한눈에 강렬한 인상을 풍긴다. 그와 마찬가지로 책 중에도 어떤 이유로 강렬한 인상을 풍기는 책이 있다.

얼마 전에 《물수기고(物数寄考) : 골동(骨董)과 갈등(葛藤)》(마츠바라 토모오)이라는 책을 읽었다. 나는 '골동과 갈등'이라는 부제를 보자마자 전율이 일었다. 한 번 본 후 잊히지 않았다. 이런 책을 만나면 그냥 읽을 수밖에 없다. 내용도 상당히 재미있었다.

또 나는 네덜란드 화가 베르메르를 대단히 좋아하는데,《지도

와 영토》(미셸 우엘벡)처럼 베르메르의 그림으로 멋지게 장정한 책을 보면 그 이유만으로도 책을 읽고 싶어진다.

이처럼 무슨 이유든 끌리는 책, 기억에 남는 책은 일단 읽어보는 것이 좋다. 진짜 재미있을지는 책을 읽어보면 알 일. 사람 만나는 것도 마찬가지라서 큰 기대 없던 모임에서 재미있는 사람을 만나기도 하고, 고대하던 모임에서 별 성과 없이 돌아오기도 한다. 조금이라도 매력적인 책을 만났다면 일단 손에 들고 읽어보자. 첫 5~10쪽을 읽어도 재미가 없으면 그때 접어도 되니까.

저자를 보고 고르는 방법도 있다. 나는 쓰지 구니오, 다카하시 가즈미의 책은 모두 읽었다. 시오노 나나미, 야마다 에이미, 사토 겐이치의 책도 다 읽었다. 이처럼 작가를 따라 책을 읽는 독서법도 있다.

고인이 되었지만 서양미술사가인 와카쿠와 미도리의 책도 모두 읽었다. 와카쿠와 미도리는 전공인 서양미술사 이외의 장르에서도 훌륭한 책을 남겼다. 그중에서도 《콰트로 라가치 : 덴쇼 소년 사절단[3]과 세계제국》은 덴쇼 소년사절단을 소재로 세계사 속에서 일본이 어떤 위치에 있었는지, 일본은 세계와 어떻게 대치해왔는지 등이 압도적인 스케일로 그려져 있어서 다 읽은 후 깊은 감동

_____

3. 1582년 조정을 대신해 교황을 알현하기 위해 파견된 4명의 소년을 중심으로 한 일본의 기독교 사절단. 이 사절단에 의해 서양 세계에 일본의 존재가 알려졌다.

을 느꼈다. 역사를 좋아하는 분이라면 꼭 권하고 싶은 책이다.

알렉산더 대왕이 가르쳐준 독서의 즐거움

나는 어려서부터 역사를 좋아했다. 중학생 때 주오코론샤의 《세계의 역사》 시리즈와 《플루타르크 영웅전》 등을 읽고 마케도니아의 알렉산더 대왕을 동경했다. 일단 흠뻑 빠지고 나니 애가 타서 가만히 있지를 못하고 알렉산더 대왕에 관한 것은 모두 조사하기 시작했다. 백과사전의 알렉산더 대왕 항목을 읽고 도서관에 있던 관련 책도 모두 읽었다.

그러다가 의문이 하나 생겼다. 알렉산더 대왕은 10년 이상 전쟁을 했다. 나는 중학생 때까지는 체격이 좋은 편이라 싸움도 곧잘 했는데, 다섯 번 때려 이겨도 나도 세 번 정도는 맞았다. 그것만으로도 꽤 아픈데 알렉산더 대왕은 10년이 넘는 전쟁에서 어떻게 계속 이길 수 있었을까? 인도까지 싸우러 가서 또 이겼다. 동네 주먹 싸움도 다섯 번 때리고 세 번 맞는데, 10년간 전쟁을 계속하며 군세가 꽤 줄었을 텐데 어떻게 계속 이길 수 있었을까? 이런 의문이 솟았다.

여러 가지 조사하던 중 알렉산더 대왕이 인더스 강 근처에서 모국으로부터 병력을 보충받았다는 것을 알게 되었고 궁금하던 점이 해소되었다. 하지만 또 다른 의문이 생겼다. 그 시절 전화도 없고 전보도 없는 마당에 마케도니아와 인도는 아득히 먼 곳인데 어떻게 본국과 소통하고 병력을 보충할 수 있었나 하는 점이었다. 조금 더 조사해보니, 페르시아의 다리우스 1세 대왕이 영토가 커져도 통치에 무리가 없도록 '왕의 길'이라는 도로를 정비했다는 사실을 알게 되었다. '이거다!' 싶었다. 알렉산더 대왕은 다리우스 1세가 만든 시스템을 잘 활용한 덕분에 병력을 보충받고 대제국을 만들 수 있었던 것이다.

책을 읽을 때는 이처럼 수동적인 흡수가 아닌 능동적인 사고가 필요하다. 숫자·팩트·논리에 맞추어 이해가 되는지, 알아낸 사실들에 어긋남은 없는지 생각하며 읽어야 한다. 그러면 책에서 얻는 것이 훨씬 많아진다. 나는 알렉산더 대왕 덕분에 생각하며 책 읽는 법을 배웠다. 참고로, 알렉산더 대왕을 아라비아어로 바꾸면 이스칸다르(Iskandar)가 된다. 우주전함 야마토[4]가 향하던 우주 저편에 있는 나라다. 알렉산더 대왕은 여전히 살아 있는 것이다.

4.《우주전함 야마토》는 일본의 애니메이션이다. 2199년 방사능에 오염된 지구의 미래를 위해 우주전함 야마토가 이스칸다르에 있는 방사능 제거 장치를 구하러 가는 이야기다.

업무 성과로
이어진 독서

약 2년 전에 젊은 직원이 "회장님은 1주일에 책을 3~4권은 읽으시죠? 그럼 2주에 1권 정도라도 괜찮으니 재미있게 읽으신 책으로 서평을 좀 써주시면 어떨까요?" 하는 부탁을 했다. 처음에는 왜 그런 귀찮은 일을 해야 하나 싶었는데, 직원에게 들어보니 라이프넷생명의 SEO 대책으로 쓰인다는 것이다.

SEO란 Search Engine Optimization의 약어로, 검색엔진 최적화로 번역할 수 있다. 라이프넷생명은 인터넷으로 상품을 판매하는 기업이라 인터넷상의 지명도가 대단히 중요하다. 구글, 야후 등 검색엔진에서 단어를 검색하면 결과목록이 표시되는데 그 목록의 상위에 노출될수록 클릭률이 높아지고 지명도가 올라간다. SEO 대책이란 단적으로 말하면 검색시 상위에 노출되게 하기 위한 대책이다. 라이프넷생명의 경영자인 내가 서평을 쓰면 그 정보가 인터넷에 유통되고 검색에 걸릴 확률이 높아지므로 결과적으로 라이프넷생명의 지명도 향상에 기여할 수 있다는 것이다.

서평을 쓰면 책 내용뿐만 아니라 나 자신의 생각도 함께 담게 된다. 나의 퍼스낼리티를 통해 기업을 홍보할 수 있다는 이점에 설득되었고, 큰맘 먹고 2013년 4월 난생처음 서평을 써보았다. '데구치 하루아키의 여행과 서평'(http://blogs.itmedia.co.jp/deguchiharuaki/)이라는 이름으로 시작한 칼럼은 곧 도서 리뷰 사이트인 HONZ(http://honz.jp)에도 옮겨 싣게 되었다.

지금도 직원의 지시대로 최소 한 달에 2권 서평을 쓴다. 라이프넷생명의 SEO 대책에 조금은 기여하지 않았을까 싶다. 이 모든 것이 독서에서 시작되었다. 취미인 독서가 생각지 못한 형태로 업무에 도움이 된 것이다.

필수 도서는 미루지 않고 읽는다

책에 대한 나의 기본적인 태도는 앞서 말한 대로 재미가 최우선이지만 그렇지 않은 경우도 있다. 처음 사회에 나왔을 때 어쩌다 보니 일본생명이라는 생명보험회사에 취직했는데, 내가 하게 될 생명보험 일에 대해 아무것도 모른 채로 있다가는 엄청난 창피를 당할 상황이었다. 그래서 생명보험에 관한 책은 손 닿는 대로 읽으며 공부했다.

또 입사 3년째부터는 오사카 본사의 기획부로 이동해 장기경영계획을 세우는 일을 했는데, 이번에는 일본생명이라는 기업에 대해 잘 알아야 했다. 어떠한 이념으로 세워진 회사인지, 어떤 경위로 지금까지 발전해왔는지, 그러한 선대의 경영을 모르고는 제대로 일할 수 없는 상황이라 사사(社史)를 구해 읽었다. 사사는 10년 단위로 발간되므로 꽤 권수가 많았다. 그것을 처음부터 읽었더니 일본생명이라는 기업이 어떤 흐름을 갖고 성장해왔는지 잘 이해하게 되어 일이 훨씬 수월해졌다.

이처럼 재미와 상관없이 업무상 당연히 읽어야 하는 책들이 있다. 일본흥업은행에서 일하던 시절에는 그때 담당한 철강, 자동차, 화학, 전력 같은 업종의 책을 읽었고 마케팅 책도 상당히 많이 읽었다. 이는 사회인으로서 일종의 책무다. 비즈니스를 하는 이상 당연히 읽어야 하는 책이므로 '읽지 않음'이라는 선택지가 있을 수 없다.

필수 도서를 읽기 귀찮다고 미뤄두면 시간을 낭비하게 된다. 얼른 읽어치우는 것이 해결책이다. 나뿐만 아니라 누구에게든 이런 필수 도서들이 있을 것이다. 이런 책은 사실 별로 재미가 없지만 그래도 일에 큰 도움이 된다. 내 교양을 구축하는 데도 어느 정도 기여했다고 본다. 재미라는 기준만으로 선택할 수 없는, 재미없어도 읽어야만 하는 책이 있다는 것은 기억해두어야 할 포인트다.

즐거운 서점, 유용한 도서관

요즘은 바쁜 업무에 얽매여 서점에 갈 기회가 눈에 띄게 줄었지만 서점은 내가 이 세상에서 가장 좋아하는 곳 중 하나다. 매장 안을 어슬렁거리는 것만으로도 즐겁다. 서점에 가면 일단 좋아하는 분야가 있는 곳을 먼저 돈다. 구체적으로는 문학, 역사, 생물학, 철학, 종교, 미술이다. 좋아하는 분야를 쭉 둘러보고도 시간이 남으면 신간 코너에 간다.

서점에 갈 일은 줄었지만 반대로 도서관은 자주 이용하고 있다. 예전에는 일종의 서적 페티시즘이 있어서 책을 소유하는 것이 즐거워 초판본이며 이와나미 강좌 등 전집을 모두 마련해야 직성이 풀렸지만, 보관할 장소가 부족하고 런던으로 전근하게 된 것을 계기로 모두 헌책방에 팔아버렸다. 그 후로는 도서관을 잘 활용하고 있다.

요즘은 일반 도서관에도 장서가 꽤 많고 상호연계가 잘되어 있어서 내가 원하는 책이 없을 경우 근처 자치단체의 도서관에서 책을 빌려오는 시스템이 마련되어 있다. 극작가인 히라타 오리자 씨는 도서관이야말로 21세기의 시설이라고 했다. 문화의 공공성을 담당하고 지역 커뮤니티의 열쇠가 될 잠재성을 지니고 있다며 도서관의 중요성을 강조했다. 나도 이에 동의한다. 도서관은 가장 먼저 재평가되어야 하는 존재다. 도서관의 장서는 우리 시민의 공유재산이므로 잘 활용해야 한다.

디지털과 아날로그는 취향의 문제

2013년을 전자책의 원년이라고 한다. 일본에도 아마존의 킨들이 발매되어 아이패드를 비롯한 태블릿 단말기가 본격적으로 보급되고 드디어 전자책 시대가 도래하는가 싶었다. 하지만 사실 기대치만큼 성장하지 못해서 전자출판 사업에 뛰어들었다가 어쩔 수 없이 퇴각한 기업도 몇 곳 있다.

나는 종이책을 선호한다. 이것은 개인적인 취향의 문제다. 새로운 것이 나오면 일단 겪어보고 싶어하는 성격인지라 전자책도 시도해보았지만 나에게는 맞지 않는 느낌이었다. 무언가를 쓸 때도 마찬가지라서 서평 원고는 이면지에 만년필로 쓴다.

신문도 전자판보다 종이가 좋다. 신문의 장점은 '한눈에 볼 수 있는 것'이라고 앞에서도 말했는데, 지면을 보면 어제 일어난 사건이 가치 순으로 늘어서 있어서 일목요연하게 눈에 들어온다. 그것으로 그 신문사의 가치관도 알 수 있다. 눈으로 딱 보아 어떤 사건이 크고 작은지 바로 보이므로 문맥이 한눈에 들어온다. 이것은 인터넷에는 없는 이점이다. 인터넷에서도 목록의 상위에 올라오는 것이 가치가 크다고 할지 모르지만 시각적인 직관성이라는 점에서 아직 종이신문이 훨씬 우위에 있다고 본다.

젊은 사람들은 아마 디지털을 선호하는 쪽이 많을 것이다. 어려서부터 디지털기기에 익숙하니 아마도 나만큼의 위화감은 없을 것이다. 물론 그것은 그것대로 좋다고 생각한다. 어디까지나 취향의 문제니까. 다만 보존성이라는 점에서도 아직 종이가 우위에 있는 듯하다. 디지털 데이터가 보존성이 높다고 할지 모르나 사실 종이를 비롯한 아날로그 쪽이 아직 우위에 있다. 디지털 데이터는 대량으로 축적할 수 있지만 사라지는 것은 한순간이라는 위험이 있다. 하지만 종이에 인쇄된 정보는 점점 옅어질 수는 있어도 불에 타지 않는 한 일시에 소멸할 일이 없다. 인쇄가 옅어지면 유지 보수하면 된다. 디지털 데이터는 리스크 관리라는 점에서 아직 개선해야 할 부분이 남아 있다.

어쨌거나 디지털은 앞으로도 발전해나갈 것이다. 곧 약점을 극복해 아날로그 이상의 기능성을 획득할 것이라고 본다. 그러므로 '디지털이냐, 아날로그냐' 하는 논의는 어느 쪽을 더 좋아하는지 취향의 문제일 뿐 어느 쪽이 더 우수한지 다투는 것은 의미가 없다.

{5장}

교양수업 2.
사람 만나기

설렘이 없는 만남은
시간낭비다

교양의 원천을 책, 사람, 여행으로 나누어 이야기하고 있는데, 크게 보면 책도 여행도 결국은 사람이라고 할 수 있다. 책을 읽는다는 것은 저자와 대화하는 것이고 여행은 다른 장소에 사는 사람을 만나는 일이다. 결국 모든 것은 사람이다.

고전을 읽으면 과거의 현인과 대화할 수 있으니 책은 이른바 시간축이다. 여행은 멀리 떨어진 곳에 가는 일이므로 공간축이다. 종과 횡의 사고법으로 보면 책은 종, 여행은 횡이다.

사람과 만나는 것에서도 나는 책과 마찬가지로 기본적으로 재미를 기준으로 한다. 재미있으면 가까이하고 재미없으면 동네 이웃 정도의 거리로 충분하다. 사람을 만나는 시간은 책과 마찬가지로 두근거리는 설렘이 없으면 시간낭비다.

한편, 동네 이웃 정도의 사귐도 중요하다. 교외에 단독주택을 사서 이사하면 근처에 사는 이웃의 얼굴을 매일같이 보게 된다. 모두 내가 좋아하는 타입은 아니더라도 만나면 웃으며 인사하는 것이 상식이다. 무시하다가 싸움이라도 나면 그만큼 시간과 에너지를 낭비하게 된다. 방긋 웃으며 평범하게 인사하기. 이웃나라와도 마찬가지다.

30대에 한 은행원을 알게 되었다. 입이 꽤 거칠었지만 대화 내용은 재미있는 사람이었다. 어쨌거나 죽이 맞아 어느 날 함께 술을 마셨는데, 다음날 같은 은행의 다른 사람이 전화를 해서 얘기했다.

"데구치 씨가 어제 같이 술 마신 사람, 독창적인 면은 있지만 다른 사람과 잘 협조하지도 않고 크게 출세할 타입이 아니라서 사귀어도 별로 득 될 게 없어요."

전화한 사람은 친절한 마음으로 조언한 것이겠지만 나는 딱히 그 사람의 출세를 생각해서 사귄 것이 아니라 그 사람이 출세하든 그렇지 않든 전혀 상관이 없었다. 그냥 그 사람과 대화하는 것이 즐거워서 사귀었을 뿐이다.

외국인을 많이 만난
영국 주재원 시절

런던에서도 비슷한 경험을 했다. 나는 원칙적으로 약속한 순서대로 사람을 만나는데, 런던에 있는 동안에는 규칙을 좀 바꾸었다. 나중에 들어온 요청이라도 외국인을 우선시했다. 외국에 주재할 기회는 또 없을 것 같았기에 외국인과 만날 기회를 되도록 많이 만들자는 생각에서였다. 일본인은 일본에 돌아간 후에도 얼마든지 만날 수 있으니까.

당시 런던에는 일본인회가 여럿 있었다. 원칙적으로 일본인 수석 주재원들의 회합이다. 그런데 어느 날 한 은행 임원이 이렇게 말했다.

"데구치 씨는 일본인회에 잘 안 나오시네요."

외국인과 약속이 많아서 잘 못 나간다고 했더니 이런 말을 했다.

"런던에 주재하는 각 기업 관계자들은 일본에 돌아가면 다 출세하실 분들이에요. 이럴 때 우의를 다져놓는 게 좋아요. 외국인 친구를 사귀는 게 나중에 무슨 도움이 되겠어요?"

조언에 신경 쓰겠다고 대답하긴 했지만 속마음은 조금 씁쓸했다. 그분은 정말 친절한 마음으로 조언해주신 것이겠지만, 일본인회에서는 "아무개 씨는 내년에 도쿄로 돌아가시죠?"라든지 "벌써 2년이 되었으니 슬슬 귀국 지시가 내려올 법하죠" 같은 대화뿐이었다. 런던에 있으면서도 눈은 도쿄로 향해 있는 것이다.

일본 귀국 후 도움이 된다든지 나중에 출세할 사람이라는 생각으로는 이해관계를 넘어선 글로벌한 만남이 이루어지지 않는다. 바꾸어 말하면 데구치 하루아키라는 인간을 사귀는 것이 아니라 '일본생명 런던 수석대표 데구치 하루아키'를 사귀고 있을 뿐이다. 물론 그것이 전혀 의미 없다며 풋내기처럼 굴 생각은 없다. 하지만 오로지 그것뿐이라니.

아무리 비즈니스상의 인간관계라고 해도 데구치 하루아키라는 날것의 나와 명함의 내가 적어도 하이브리드 된 형태이길 바란다. 모처럼 런던에 있으면서 외국인과는 별로 만나지 않는 일본인과 명함만 보고 사귀는 것은 아무래도 이상해 보인다.

내 별명은 미스터 포에버

런던에서 또 하나 느낀 것은 현지 관리자가 도쿄만 바라보고 있으면 외국인 직원들에게 악영향을 미친다는 점이다. 일본인 현지 관리자의 시선이 오로지 도쿄로 향해 있는데 그 밑에 있는 외국인 직원들에게 제 몫을 다하라는 것 자체가 무리다. 상사는 빨리 도쿄에 돌아가서 출세 코스를 탈 생각만 하고 있는데 그 밑의 직원들이 열심히 일할 수 있을까? 그런 관리자 밑의 현지인 직원들은 자기 일에 흥미를 갖기가 어렵다. 우선 우수한 인재가 모이지 않는다.

그래서 나는 현지 직원이 언제까지 런던에 있을 예정이냐고 물으면 늘 "포에버"라고 대답했다. 그 때문에 생긴 별명이 미스터 포에버. 나 또한 그곳에서 마음을 다해 일하고 있다는 자세를 보여주는 것이 현지 직원을 관리하는 데 대단히 중요하다. 게다가 같은 기업의 직원인 만큼 일본인과 외국인을 구별하는 것은 의미가 없다. 당시 일본생명의 런던 사무실은 현지법인을 포함해 총 25명 정도였다. 그중 반이 현지인이고 내 비서 또한 외국인이었다.

세계를 무대 삼아 일하고자 하면서 인간관계는 일본이라는 테두리 안에서만 해결하려는 것은 명확한 모순이다. 세계를 무대로 하는 일은 인간관계도 세계를 무대로 해야 한다. 묘한 동지의식은 불필요하다.

아무래도 외국인과 일본인은 감각적으로 다르다. 위화감이라고 할 수도 있다. 하지만 우리가 위화감을 느끼는 부분이 현지인에게는 지극히 평범한 일이다. 그들의 문화인 것이다. 그러므로 위화감을 느끼는 그 지점에 바로 다문화를 이해하는 열쇠가 있다. 일본인들끼리는 편하게 말하는 것도 외국인과 만날 때는 조금 다르거나 특이하다고 느껴질 때, 그저 상대방을 부정하지 말고 그 감각을 쫓아 체험해보려고 노력하면 그전에는 느껴보지 못한 감각을 이해할 수 있다. 이런 추체험이 익숙해지면 의외로 편안하다. 그만큼 자신의 인간적인 폭이 넓어졌다는 뜻이리라.

인맥이 아니라
사람을 보자

인맥을 주제로 한 경영 관련 책이 잘 팔린다. 어떻게 인맥을 넓힐까, 어떻게 하면 유력인사와 끈을 만들 수 있을까 같은 내용의 책은 일단 출판되면 크게 빗나가는 일 없이 잘 팔린다. 그런데 잠깐, 다시 생각해보자. 이것은 인간관계를 오로지 이해관계로만 보는, 꽤나 야박한 이야기가 아닌가?

인간관계를 인맥으로만 보는 사람은 그 자신도 딱 그 정도로만 취급 받는다는 사실을 알고 있을까? 이해로만 연결된 관계는 결국 이해관계가 끝나면 끊어진다. 현역일 때는 명절이면 산더미 같은 선물 배달을 즐기다가 은퇴 후에는 썰렁해져서 오히려 더 쓸쓸해지고 마는 사람이 된다. 하지만 그 쓸쓸함을 탓하기 전에 자신 또한 그런 식으로 사람을 사귀지 않았는지 생각해보자.

일본인은 정을 소중히 한다고들 말한다. 그런데 비즈니스상의 관계가 되면 마치 다른 사람이 된 듯 느낌이 달라지는 일이 흔하다. 어째서 좀더 개인 대 개인으로, 정으로 사귀지 않는지 생각하게 된다. 개인 대 개인의 사귐이 서툰 것은 지나치게 성실한 일본인의 뒷모습일지도 모른다. 즉 기업의 일원이라는 역할을 다하는 것에 열심이 되어 개인으로서 가치를 겉으로 드러내지 않으려 하는 것이다. 역할에 대한 일종의 과잉적응이다.

한 글로벌 기업의 접객 콘테스트에서 일본인이 1위를 했다고 한다. 정중하고 상냥한 대응이 높은 평가를 받았으리라. 멋진 결과이고 세계 1위는 좋은 것이지만, 냉정히 말하면 접객 스태프라는 역할을 충실히 이행한 것뿐이다. 항공사 승무원은 끊임없이 상냥한 미소를 짓고 있지만 그 또한 영업용 웃음이다.

입장이 바뀌어 손님이 되면 일본인은 필요 이상으로 고압적인 태도를 취한다. "손님은 왕"이라는 말처럼 고객에게는 모든 것이 허용된다고 착각하는 사람을 자주 만난다. 고객 의식이 너무 강하다. 고객이든 직원이든 결국은 같은 인간이라는 사실을 잊으면 안 된다. 고객이라는 입장, 그리고 직원이라는 입장에 과잉적응하고 있는 것은 아닌지 생각해보자. 입장이나 역할 말고 결국 인간은 인간이라는 의식을 조금 더 가져야 할 필요가 있다.

형식적인 사귐은 최대한 줄여라

이해관계, 역할로만 만나는 인간관계는 허무하다. 이런 말을 듣고 혹시 나를 일종의 이상론자로 생각할지 모르지만, 오히려 그렇지 않다. 나는 재미있는 사람이면 나이, 성별, 국적을 따지지 않고 누구라도 사귀지만 형식적인 사귐은 최대한 줄이는 타입이다. 인생에서 시간만큼 귀한 게 없기 때문이다.

나는 개업 이래 10명 이상 모이면 어디든 강연을 수락했다. 어떤 주제건 라이프넷생명의 이야기는 빠뜨리지 않고 하므로 다시 없는 PR 기회라고 생각하기 때문이다. 강연을 요청한 후 사전에 인사를 하러 오겠다는 사람도 많지만, 그저 인사만을 위해 일부러 오는 것은 죄송스럽기에 사전방문은 원칙적으로 거절한다. 그렇다 보니 주최자와도 강연장에서 처음 대면을 한다. 사무적인 미팅은 대개 메일이나 전화로 해결한다. 날 때부터 철면피라 시간낭비는 최대한 줄이고 꼭 해야 할 일만 처리하려 한다.

두꺼운 프레젠테이션 자료를 가지고 와서 설명할 테니 30분만 시간을 달라는 사람도 있다. 그럴 때는 양해를 구하고 자료를 먼저 읽어보겠다고 한다. 그러고 나서 읽어도 이해가 안 간 부분에 대해서만 질문하고 설명을 듣는다. 그래야 서로 시간낭비를 줄일 수 있다.

시간은 인생에서 가장 귀한 것이다. 그래서 더욱 형식적인 사귐이 싫다. 나는 일본인들이 의미 불명의 형식적인 사귐에 너무 구애 받는다고 생각한다.

비즈니스 미팅을
할 때의 규칙

라이프넷생명은 개업 8년째로 매출액 87억엔, 직원수 약 90명의 작은 벤처기업이지만 감사하게도 거래를 희망해서 찾아주는 기업이 꽤 많다. 그들과 만날 때도 나는 다음과 같이 원칙을 정해두었다.

① 라이프넷생명의 웹사이트를 먼저 읽도록 한다.
② 제안서는 메일로 미리 받는다.

물론 나도 상대 기업의 웹사이트와 받은 제안서를 미팅 전날까지 꼼꼼히 읽는다. 이처럼 서로 사전준비를 마쳐두어야 당일에 효율적인 미팅을 할 수 있다. 메리트가 명확하지 않아 제안을 받아들이기 어려울 때는 그 자리에서 이유를 말하고 확실히 거절한다. 상대방의 낯빛을 살펴 "검토할 수 있는 시간을 좀 주십시오" 하고 돌려 말한 후 1주일 정도 지나 거절하는 것이 예의라고 말하는 사람도 있는데, 서로 시간낭비 아닐까? 판단은 최대한 신속히 내리고 No라면 No를 말하고, Yes라면 어떻게 다음 단계로 나아갈 것인지 합의한다. 이것이 진짜 비즈니스다.

이상적인 인생은
최소 책임, 최대 재미

만사 이런 식인지라 용건은 대개 15분 전후로 끝난다. 가끔 "1시간은 걸릴 줄 알았는데 15분 만에 끝나버렸네요" 하며 놀라는 사람도 있다. 15분 내에 끝낸다고 하면 과장처럼 들릴지 모르나 낭비를 줄이면 정말 10~15분으로 충분하다.

"강의료는 얼마 정도 생각하십니까?"

"안 주셔도 됩니다."

이런 식이다.

그런데 용무는 15분 이내에 끝내버리지만 상대방에게 흥미가 생기면 1시간은 가볍게 대화를 나눈다. '품고 있는 서랍'이 많은 사람으로 느껴지면 자연스레 이야기를 듣고 싶어진다.

이처럼 나의 행동기준은 오로지 재미다. 비즈니스는 재미가 있건 없건 해결해야 하는 책무다. 책무는 미니멈이 바람직하다. 하지만 재미는 맥시멈이어야 한다. 최소한의 책임, 최대한의 재미가 내가 생각하는 이상적인 인생이다.

뛰어난 역사서란
어떤 책인가?

책은 결국 사람이다. 그중에서도 역사 책은 선인(先人)과 만나는 것이다. 역사책을 통해 역사상 위대한 인물과 대화하는 셈이니 참 멋진 일이다. 키케로는 "자신이 태어나기 전의 일에 대해 무지한 상태로 있는 것은 계속 어린아이로 머무는 것"이라는 명언을 남겼다. 어른이 된다는 것은 태어나기 전의 일을 알아가는 것이다. 즉 역사를 만나는 것이다.

역사 속 인물과 대화하려면 좋은 역사책이 필요하다. 뛰어난 역사서가 있으면 그 위인이 어떤 사람이고 어떻게 생각했으며 어떻게 행동했는지를 잘 알 수 있다. 역사서가 훌륭할수록 그들의 사고와 판단의 실상을 가까이에서 볼 수 있다. 비록 간접경험일지라도 그들을 추체험함으로써 반드시 피와 살이 되는 교훈을 얻는다고 생각한다.

"민족의 수만큼 많은 역사가 존재한다"는 말이 있는데 나는 이 말이 틀렸다고 본다. 민족의 수만큼 많은 것은 역사에 대한 믿음과 독자적인 해석이다. 역사(일어난 일) 자체는 어디까지나 하나뿐이다. 하지만 그 하나의 사건이 어떠했는지 잘 알 수 없을 때가 많다. 시대를 거슬러 올라갈수록 1차 자료의 제약도 심해진다. 그 수수께끼의 틈을 모자이크 같은 조각 정보를 조금씩 겹쳐서 메워가는 것이 역사라는 학문이다. 역사란 다양한 자료, 문헌, 자연과학적 지식(꽃가루 분석 등) 등을 총동원해 조금이라도 사건에 다가가려는 행위다. 역사서는(역사소설도 포함해) 기본적으로 그러한 입장에서 쓰는 것이 바람직하다.

저자가 처음부터 쓰고 싶은 이야기를 정해놓고 그에 맞추어 자의적으로 모자이크의 조각만 갖다 쓰는 경우가 적지 않다. 이야기로는 괜찮을지 모르나 그것을 역사와 혼동해서는 안 된다. 일본의 경영자들이 좋아하는 작가로 시바 료타로를 꼽을 수 있는데, 시바 료타로의 작품은 이야기가 강해서 역사라고 보기는 어렵다. '시바 사관(史觀)'이라는 말이 있듯, 시바 료타로의 이야기는 시작부터 이미 결론이 정해진 듯한 느낌을 준다. 그 결론에 맞아떨어지는 모자이크를 모아 아름다운 이야기를 만들어내는 것이다.

시바 료타로의 작품은 어떤 의미에서 톨스토이와 닮아 있다. 역사학자 존 루카치는 《역사학의 장래》에서 톨스토이에 대해 이렇게 평했다.

"《전쟁과 평화》에 그려진 역사는 톨스토이 개인의 의견과 편견에 의해 일그러지고 뒤틀려 있다."

정도의 차이는 있겠지만 비슷한 일이 시바 료타로의 작품 속에서도 일어나지 않았나 싶다. 시바 료타로의 작품은 엔터테인먼트이자 이야기로 읽으면 재미있고 문장도 훌륭하다. 독자를 취하게 해주는 부분이 있다. 하지만 '역사'소설은 아니다. 역사소설은 가능한 한 증거를 바탕으로 당시의 사건을 정확히 재현하고, 도저히 증거를 찾기 어려운 부분만 상상으로 보충해야 한다. 과거에 일어난 사건에 지극히 충실해지려는 것이 역사와 역사소설 본래의 모습이 아닐까 생각한다. 그런 의미에서 시바 료타로의 작품보다 한도 가즈토시 쪽이 훨씬 더 역사에 가깝다고 본다.

역사에서 미래를 배운다

우리는 역사 속 인물의 말에 좀더 진지하게 귀를 기울여야 한다. 그들이 이룩한 성공뿐만 아니라 그들이 저지른 실패도 배움으로써 똑같은 함정에 빠지지 않도록 해야 한다. 그래서 우리는 역사를 배우고 선조의 메시지를 듣는 것이다. 같은 실패를 반복하지 않음으로써 인간은 조금씩 현명해진다.

그런데 실패의 역사는 배우지 않으려 하는 사람이 많다. 정치가나 리더가 그러면 골치 아파진다. "자본가는 돈벌이에 골몰하고 정치가는 내셔널리즘을 갖고 논다"는 말이 있다. 여러분은 이것을 현재의 세태를 우려한 말로 받아들이겠지만, 실은 제1차 세계대전 전야에 나온 말이다. 그리고 이 말 속에 담긴 걱정대로 세계는 사상 최초의 세계대전, 총력전에 돌입했다.

우리는 선조로부터 실패의 유산도 배워야 한다. 그렇지 못하면 그들의 자손으로 사는 의미가 없지 않은가? 제왕학의 교과서인

《정관정요》에 당 태종 이세민의 유명한 삼경(三鏡)이 실려 있다.

"구리로 거울을 만들면 의관을 단정하게 할 수 있고, 역사를 거울로 삼으면 천하의 흥망성쇠를 알 수 있고, 사람을 거울로 삼으면 자신의 득실을 분명히 알 수 있다. 짐은 이 3가지 거울을 갖춘 덕분에 허물을 막을 수 있었다."

즉 역사에서 배우지 않으면 미래의 성쇠를 꿰뚫어볼 수 없다는 뜻이다. 이렇게 생각해보면 이해하기 쉬울 것이다. "리먼쇼크 같은 세계적 금융위기가 또 일어날까요?"라고 물으면 대부분 그렇다고 답할 것이다. 그때 잘 대처할 수 있는 것은 리먼쇼크에 대해 필사적으로 공부한 기업일까, 아니면 미래는 진화하므로 과거의 사건은 참고할 것이 없다며 아무것도 배우지 않은 기업일까? 이 물음에는 대부분 전자를 꼽을 것이다. 말 그대로다. 리먼쇼크라는 말을 동일본대지진으로 바꾸면 훨씬 더 와 닿는다.

앞으로 무슨 일이 일어날지는 아무도 모른다. 하지만 슬프게도, 인간은 과거(역사)를 참고로 하는 것 이외에는 배울 방법을 갖지 못한 동물이다. 당 태종은 이것을 잘 알고 있었다. 게다가 인간의 뇌는 수천년 동안 그다지 진화하지 않았으니 과거 인간의 판단과 대처법이 현재에도 그대로 도움이 된다.

인간은 원래 다음 세대를 위해 사는 동물이다. 단순히 생물학적 번식을 위해서라면 아이를 낳고 기른 후 전 세대는 죽어 없어져도 상관없다. 인간이 늙어서도 살아 있는 것은 인생에서 배운 여러 가지 일을 다음 세대에 전달함으로써 다음 세대가 더 잘살게 하기 위함이다. 사람은 그 목적을 위해 살아남는다.

책을 읽고 사람을 만나고 여행을 하며 배운 것의 일부라도 다음 세대에게 전할 수 있다면 내가 살아온 의미가 조금은 있다고 생각한다. 이 책을 통해 조금이라도 더 전달할 수 있기를 바란다.

동서고금, 인간의 삶에 필요한 것

이야기가 조금 딱딱해졌는데, 인생에서 가장 소중한 것은 무엇일까? 베이징에 머물고 있는 작가 타다 아사미의 책《라오베이징의 후통(옛 골목)》에 이런 말이 있다.

"정치체제가 달라져도 인간의 삶에 필요한 것은 변함없다. 따뜻한 집과 식사, 그리고 마음을 허락할 수 있는 친구들."

정말 맞는 말이다. 동서고금, 실로 인간사회의 진리를 꿰뚫은 말이다. 의식주를 해결할 정도로 벌이가 있고 허심탄회하게 이야기 나눌 수 있는 친구가 있으면 누구라도 괜찮은 인생이라 느끼지 않을까? 다양한 만남과 헤어짐을 통해 마음을 열 수 있는 친구를 만나는 것이야말로 사람을 사귀는 참맛이라고 생각한다.

6장

교양수업 3.
여행 떠나기

여행은 최고의 놀이, 교양의 원천

대학생 때부터 혼자 여행을 다니기 시작했다. 집을 나온 해방감도 더해져서 대학 1학년 여름방학에 침낭을 짊어지고 홋카이도를 걸어보기로 한 것이 시작이었다. 예산은 과외 아르바이트로 모은 50만엔. 당시에는 홋카이도를 한 달 동안 돌 수 있는 국철 기차표가 있어서 15,000엔으로 그것을 사고 나머지는 히치하이크로 어떻게든 해결해보겠다며 홋카이도로 향했다.

세이칸터널이 생기기 전이어서 연락선을 타고 하코다테로 건너간 후 거기서 태평양을 따라 동쪽으로 올라가서 일단 홋카이도 동쪽 끝인 네무로까지 갔다. 네무로에서 북상해 노쓰케반도를 보고 시레토코를 돌아 왓카나이로 갔다가 남쪽으로 내려오는 식이었다. 상세한 일정은 세우지 않고 마음에 드는 곳에서는 쭉 머물다가 아름다운 언덕이 있으면 풀밭에 누워 낮잠을 자기도 하는, 정말 마음 내키는 대로 돌아다니는 여행이었다. 근처 섬도 대부분 다녀왔다.

밤에는 절이나 교회를 찾아 하룻밤 숙소를 빌렸다. 나를 받아준 곳은 절반 정도밖에 안되었지만. 특히 교회는 나 같은 방랑자에게 경계심이 강해서 "성경에 신의 집 문은 언제나 열려 있다고 되어 있지 않습니까?" 하고 억지 부탁을 해봐도 치안 문제로 밤에는 문을 잠가야 한다며 대부분 거절했다.

그에 비하면 절은 비교적 너그러워서 법당 안에 머물게 해주거나 그도 안되면 마루 정도는 내주었다. 개척지라 혼슈에 비하면 역사가 짧은 홋카이도에 그렇게 절이 많냐고? 알고 보면 꽤 많다. 책에서 배운 종교 지식으로는 홋카이도에 절이 별로 없다 생각할 수 있으나 인간이 사는 곳이면 어디든 죽고 나서 장례를 치르기 위해서라도 절이 필요하다. 그런 점도 여행을 통해 알게 되었다.

여행 중에는 내내 단벌신사였다. 2~3일 지나 옷이 지저분해지면 근처 강에서 빨아 나무에 걸어놓고 마를 때까지 낮잠을 잤다. 여름이어서 전혀 문제가 없었다. 시카리베쓰 호도 아름다웠고 아칸 호도 아름다웠다. 식사는 아침은 빵, 저녁은 대개 그 지역의 정식집을 이용했다.

노쓰케반도에서는 맨 끝까지 가보려고 버스를 탔는데 종점에서 내린 다음에도 한참을 더 걸어야 했다. 가서 보고 돌아오는 것만으로 거의 반나절 이상 걸렸다. 그래도 딱히 서두를 이유가 없었고 가벼운 성취감을 얻었다. 이 여행으로 나는 '목적 없는 방랑만큼 즐거운 것이 없다'는 사실을 절절히 느꼈다. 참고로, 예산은 2만엔 정도 남았다.

이 책에서는 교양 습득의 방편으로 여행을 꼽고 있고 이는 틀림없는 사실이지만, 실제로 내 여행은 교양이 목적이라는 느낌은 전혀 없다. '재미있겠다, 신나겠다' 하며 여행을 떠나는 것뿐. 여행에 이성적인 판단은 굳이 필요 없다고 본다. '홋카이도는 넓고 아름다운 곳이겠지' 하는 생각에 떠나고 싶어지고 그렇게 가보니 정말 넓고 아름다워서 즐거웠다.

교양이란 인생을 즐겁게 하는 도구라고 말했는데, 여행이야말로 정말 그렇다. 무언가를 얻어온다고 해도 그것은 여행이 끝난 후의 결과이며, 여행 중에는 오로지 즐길 뿐이다. 그런 의미에서 여행이야말로 최고의 놀이이고 가장 즐거운 교양 습득법이라고 할 것이다.

상을 받아 떠난
첫 해외 여행

　　일본 안에만 머물다가 세계로 발을 뻗게 된 계기는 중학교 시절 미술 교과서에 실린 아름다운 여성의 그림에 반한 것이었다. 당시 책의 인쇄가 그리 선명하지는 않았지만 보티첼리의 그림을 본 나는 "외국에는 이렇게 아름다운 여성이 살고 있구나!" 하며 가슴이 두근두근했다. 도서관에서 미술 관련 책을 빌려보고는 나중에 꼭 유럽에 가서 이 사람을 만나겠다고 굳게 다짐했다. 나에게도 그런 감성적인 시절이 있었다.

　실제로 해외에 간 것은 사회인이 되고 나서였다. 27세 때 우수 논문 평가를 받아서 3개월간 세계 어디든 가고 싶은 곳에 다녀올 수 있는 기회가 생겼고, 영어 습득도 할 겸 런던으로 출장을 떠났다. 일종의 안식년으로, 그것이 나의 첫 해외 경험이었다.

　막상 런던에 가서는 영어는 뒷전이고 마음 내키는 대로 유럽을 돌아다녔다. 스페인 세비야의 봄 축제를 '페리아'라고 하는데 그렇게 재미있다는 이야기를 듣고 그럼 가보자 하고 나섰다. 페리아 기간에는 호텔이 만실이라고 하지만 혼자 몸이면 어떻게든 되겠거니 쉽게 생각하고 떠났는데 정말 방이 하나도 없었다. 어디를 가도 만실이고 다른 곳에 가보라는 대답뿐.

　밤의 세비야를 걷고 또 걷다가 결국 새벽 2시까지 방을 못 구하고 처음 간 호텔에 다시 가보았다. 호텔 직원이 "방은 구했습니까?" 하고 묻기에 "아직 못 구했습니다. 너무 졸린데 여기 로비에서라도 자면 안 될까요?" 하고 부탁을 했다. 그러자 "당신이니까 특별히 재워줄게요" 하며 로비의 소파 자리를 내주었다. 해외에서도 이런 식의 여행으로 배짱을 키웠다.

꼬리에 꼬리를 무는 여행

이 여행 중에 중학 시절의 꿈을 실현하기 위해 런던에서 파리로 떠났다. '아름다운 그림 속 여성'의 실물을 보기 위해서. 꿈에 그리던 보티첼리의 그림은 루브르미술관에 있었다. '비너스와 삼미신으로부터 선물을 받는 젊은 여인'이라는 그림으로, 실물은 역시 인쇄본과는 전혀 다른 감동이었다.

드디어 꿈에 그리던 여성을 직접 만난 감격이 밀려오고, 이것이 계기가 되어 더 아름다운 여성을 찾아 그다음 해부터 거의 매년 여름과 겨울에 세계의 미술관을 도는 여행을 떠났다. 미술관 투어를 하는 동안 서양미술에 조금씩 눈을 떴고, 관심이 미술관에서 교회까지 점차 넓어졌다. 유럽의 교회는 오래된 것이 많아서 교회를 방문하다 보면 역사에 대한 관심이 절로 높아진다. 이런 식으로 미술사, 종교, 역사라는 나의 '3대 오타쿠 종목'을 갈고닦게 되었다.

미술관 투어를 하면 아름다운 여성을 정말 많이 만난다. 그때마다 그 그림을 그린 화가도 좋아진다. 화가가 좋아지면 그 사람에 대해 더 알고 싶어져 도록을 사고 조사를 하게 된다. 그러다 보면 다른 작품으로는 어떤 것이 있고 어디에 소장되어 있는지 알게 된다. 다음에는 그 작품을 직접 보러 간다.

이렇게 꼬리에 꼬리를 무는 미술관 투어가 계속되었다. 꼬리물기는 사물의 발전이 자연스럽게 이루어지는 형태다. 꼬리물기식 여행을 계속한 결과 지금까지 약 40년간 70여 개국 1,200개 이상의 도시를 내 발로 걸었다.

목표가 있는 여행의 즐거움

가끔은 목표를 세우고 여행을 떠난다. 지인 중에 신사를 좋아하는 사람이 있는데, 만나면 늘 신사에 대해 이야기할 정도로 신사에 푹 빠져 사는 사람이다. 그분의 이야기를 듣다 보니 나도 신사에 흥미가 끓어올랐다. 그래서 전국의 신사를 한번 돌아보겠다고 결심했는데, 역시나 모든 신사를 보는 것은 무리라 모든 일궁(一宮)을 보겠다는 목표로 바꾸었다. 일궁이란 각 지역에서 가장 격식이 높다고 여겨지는 신사로, 엔기시키(延喜式)[1]에 실린 곳 중 현재 일궁이라고 칭하는 곳은 전국에 110

여 개 정도 있다.

일궁 순례를 시작하니 역시나 신사에 대한 관심이 높아져서 책을 구해 읽고 옛 문헌을 뒤지며 조사했다. 신사에 방문하면 반드시 그 유래를 찾아 읽었다. 일궁이라고 해서 모두 접근하기 쉬운 곳에 있는 것은 아니라 벽지에도 꽤 많이 있다. 버스가 2시간에 1대꼴로 다니는 곳도 많다. 버스 기다리는 시간을 이용해 신주(神主)에게 가서 "유래에 대해 읽어보긴 했지만 모르는 부분이 있는데 좀 알려주시겠습니까?"하며 묻기도 했다. 대부분은 차를 내주고 친절하게 설명을 해주었다.

적당한 목표가 있으면 여행이 한층 즐거워지는 법이다. 2~3년에 걸쳐 단 한 곳의 일궁만 남기고 모두 돌아보았다. 어째서 한곳을 남겼는고 하니, 친구가 말해준 피라미드 전설 때문이다. 어느 책에 쓰인 이야기인지 진위는 불분명하다. 피라미드는 200만 개에서 300만 개의 돌을 쌓아 만드는데, 마지막 돌 1개만 쌓지 않는다고 한다. 모두 쌓아버리면 피라미드가 무너진다는 것이다.

그러고 보니 고대 중국의 천지창조신인 여와(女媧)가 하늘을 수복(收復)했을 때도 돌 하나만 쓰지 않고 남겨두었다고 한다. 그 이야기가 재미있어 나 또한 단 한 곳만 남겨두고 일궁 순례를 마무리했다. 참고로, 마지막 남겨둔 곳은 다테야마의 정상에 있는 오

1. 헤이안시대(794~1185)의 의례집.

야마 신사다.

마음 가는 대로,
발길 닿는 대로

일궁 순례는 목표가 있어 즐거운 여행이었지만 이는 어찌 보면 예외다. 대학 시절 홋카이도 여행에서 방랑의 즐거움을 알아버린 탓인지 내 여행은 기본적으로 방랑의 성격이 짙다.

내 여행의 기본 스타일은 다음과 같다. 여행지가 유럽이라면 우선 저렴한 왕복항공권과 유레일패스를 구입한다. 프랑크푸르트로 들어간다면 프랑크푸르트 공항에 철도가 들어와 있으므로 역 플랫폼에 가서 가장 먼저 들어오는 기차를 탄다. 목적지는 어디라도 좋다. 공항에서 산 레드와인을 홀짝거리며 멍하니 차창 밖을 내다보다가 '여기 좀 멋진걸!' 하는 곳이 있으면 기차에서 내린다. 거기서부터 여행의 시작이다.

기본적으로 마음 가는 대로, 발길 닿는 대로 가는 것이 내 방식이다. 어디로 가게 될지 모르니 가이드북은 여행지에서 조달한다. 내 경험상 지도의 정확도나 상세한 레스토랑, 호텔 정보 등에서 《미슐랭 가이드》만한 것이 없다. 어느 여행지에 가도 꽤 정확한 정보가 실려 있다.

일본의 가이드북은 골목길을 생략하거나 지도 축척이 제각각이어서 지리에 대한 감이 좀처럼 잡히지 않는다. 《미슐랭 가이드》는 좁은 골목길도 하나하나 그려져 있어서 골목을 몇 개 더 지나서 가면 되는지 알 수 있어 헤맬 일이 거의 없다. 축척도 확실해서 거리에 대한 감을 잡기 쉽다는 장점이 있다.

잘 알려진 것처럼 《미슐랭 가이드》는 별 표시로 호텔과 레스토랑의 등급을 매긴다. 그래서 처음 간 곳이라도 어디가 좋은 곳인지 대략 알 수 있다. 가격도 짐작 가능해서 내 예산에 맞는 곳을 고를 수 있어 안심이다.

유럽에서는 《미슐랭 가이드》를 배낭에 넣고 떠나는 것이 가장 손쉬운 출발이다. 《미슐랭 가이드》는 현지 서점에서 산다. 영어판이 없더라도 지도와 별 개수는 알 수 있고, 유럽의 통화는 유로로 통일되어 있어서 기본적인 문제는 해결된다.

여행에서 가장 중요한 것은 자유로움

낯선 거리에 내리면 역 앞에서 파는 관광용 그림엽서를 보고 그 마을에서 어디를 봐야 할지 대강 점 찍어둔다. 혹은 유럽의 경우 대개 마을에서 가장 높은 곳에 성이 있으므로 우선 성에 올라가본다. 그리고 성에서 거리를 내려다보며 교회, 번화가의 위치를 가늠해보고 대략적인 순서도 정해둔다. 한붓그리기처럼 코스를 그려두는 것이다. 마음에 들면 그곳에 더 머물고 예상과 달리 지루하면 다시 기차를 타고 떠나면 된다.

유럽에서 기차를 탈 때 나는 주로 유레일패스를 이용하는데, 언제나 유레일패스가 싸게 먹히는 것은 아니다. 유레일패스로 본전을 뽑으려면 종일 기차를 타고 다니든지, 파리~로마 간을 야간침대차로 이동하든지 해야 한다. 본전 생각에 그렇게 다니다간 여행의 본말이 전도된다.

유럽의 대도시 철도역 매표소는 늘 혼잡하고 30분에서 1시간까지 기다리는 일이 허다하다. 하지만 유레일패스가 있으면 줄서서 기다릴 필요 없이 자유롭게 기차에 오르면 되어서 나는 오로지 그 편리함 하나 때문에 유레일패스를 이용한다. 자유로운 시간만큼 소중한 것은 없기 때문이다.

원칙적으로 호텔도 예약을 하지 않는다. 마음 가는 대로 돌아다니는지라 예약을 하려도 할 수가 없긴 하지만, 축제가 열리고 있지 않는 한 숙박 예약을 하지 않아도 전혀 문제되지 않는다. 묵어보고 싶은 특정한 호텔이 있는 게 아니라면 호텔 예약은 하지 않는 편이 여행이 더 즐겁다. 호텔을 예약하면 행동에 제약이 생기고, 실제로 가보면 기대 이하인 경우도 많다. 가족과 같이 가도 트윈룸 하나만 잡을 수 있으면 오케이. 예약 없이 떠나도 늘 아무런 문제도 없었다.

시장을 보면
그 나라의
정치를 알 수 있다

여행지에서는 기본적으로 많이 걸으려고 한다. 고등학교 시절 산악부에 있었던 덕인지 걷는 것은 전혀 힘들지 않다. 사람은 이족보행을 하는 동물이니 걸어다니며 마을을 파악하는 것이 본성에 맞는 일이다. 유럽의 거리 중심부에는 자동차 진입 금지 구역이 많고 좁은 언덕길과 돌층계도 많아 걸을 수밖에 없는 상황이 꽤 있다. 파리 정도의 크기에 시간만 충분하다면 끝에서 끝까지 얼마든지 걸어서 갈 수 있다.

앞에서도 말했다시피 나의 여행은 미술, 종교, 역사가 주요 테마지만 그렇다고 항상 미술관, 교회, 박물관에만 가는 것은 아니다. 기회가 되면 꼭 가는 곳이 그 지역의 슈퍼마켓과 시장이다. 시장을 걸으며 구경하는 일은 정말 즐겁다. 시장을 보면 그 나라의 정치가 잘 돌아가는지 대강 알 수 있다. 시장에 저렴하고 신선한 먹을거리가 풍부하면 정치가 잘 돌아간다는 확실한 증거다. 반대로 시장에 상품이 없고 남아 있는 상품이 비싸다면 정치가 흐트러져 있다고 볼 수 있다. 일본인에게는 시장에 다양한 저가의 상품이 즐비한 것이 지극히 일반적인 풍경이지만 밖으로 눈을 돌리면 그런 나라가 의외로 적다.

젊은이와 여성들의 패션을 구경하는 것도 흥미롭다. 젊은이와 여성들의 패션이 점점 좋아지는 나라는 정치와 경제가 그런대로 잘 흘러가는 곳이다. 동서고금을 가리지 않고 젊은이와 여성은 패션에 민감하다. 패션을 위해 쓸 돈이 있다는 것은 나라 경제가 잘 돌아간다는 증거이기도 하다.

동네 사람인 듯 동화되어 걷는 즐거움

20대 때 파리에 3주간 머문 적이 있다. 베르사유 궁전에 그랑 카날이라는 대운하가 있는데, 딱 십자가의 형태를 하고 있어서 그것을 바라보는 동안 생각이 하나 떠올랐다.

"이 운하를 따라 전부 걸어보자."

꽤 큰 운하인데다 십자 모양이라 한 바퀴 도는 데 적지 않은 시간이 걸렸다. 열심히 걷고 있는데 중간에 정원사 아저씨를 만났다.

"뭘 하고 있니?"

"그랑 카날을 따라 한 바퀴 걸어보려고요."

내 대답에 정원사는 자기가 아는 한 그런 시도를 한 사람은 없었다며 질린 표정을 지었다.

결국 3~4시간이 걸려 처음 지점으로 돌아왔다. 그 일로 딱히 무엇을 얻은 것은 아니지만 문득 내가 책을 읽는 방법과 닮아 있다는 생각을 했다. 읽기로 정한 책은 철저하게 끝까지 읽는 나의 독서법. 그래서 여행도 이렇게 하는지도 모른다. 지금의 나에게는 무리지만 젊은 시절의 나는 체력과 시간을 믿고 걷고 또 걸었다.

불로뉴 숲도 한참을 걸었다. 치안이 나쁘기로 유명한 불로뉴 숲이다 보니 역시나 수상한 사람이 있고 감당하기 힘들어 보이는 아가씨도 있었다. 하지만 청바지에 티셔츠 1장만 걸치고 걸으면 그들의 표적이 되지 않는다. 노상강도도 가성비를 생각해서 돈이 많아 보이는 사람을 노린다. 그 동네 슈퍼마켓의 비닐봉지라도 하나 손에 들고 있으면 완벽하다. 이렇게 동네 사람인 듯 동화되어 길을 걷는 것은 꽤 즐거운 경험이다.

실제로 동네 슈퍼마켓에 가면 미네랄워터를 호텔의 5분의 1 가격으로 살 수 있다. 쇼핑을 하면 일본과는 다른 점을 새롭게 알게 되기도 하고 동네 사람이 된 듯한 기분도 맛볼 수 있다. 나는 평소에도 백화점이 아닌 슈퍼마켓에서 물건을 사므로 해외에서도 똑같이 행동해 간단히 일상화한다. 좋은 가게가 인기 있는 것은 동서양이 다르지 않으니 아는 가게가 없으면 붐비는 곳으로 간다.

물론 안전이 중요하지만 이렇게 지내다 보면 그 지역이 지닌 민낯을 엿볼 수 있다. 세계유산 같은 관광지도 볼 만한 가치가 있지만, 뭐라 말하기 어려운 일상생활 공간도 특유의 맛이 있다. 황궁, 스카이트리, 아사쿠사 같은 명소만 돌다 보면 좀처럼 리얼한 도쿄를 맛보지 못하는 것과 마찬가지다. 동네 편의점에서 장 보는 것이 훨씬 도쿄의 현실에 가깝지 않을까?

수박 가격에 나타난
국제 정세

민낯을 들여다보는 여행을 하면 미디어를 통해서만 듣던 다른 나라, 지역에 대한 이미지가 크게 바뀌는 경우가 있다. 나에게는 티베트의 라싸가 그랬다. 1990년 대 후반 회사의 지인과 함께 청두에서 비행기를 타고 라싸로 들어갔다. 라싸로 가기 전 청두 거리를 이리저리 걷고 있는데 수박을 산더미처럼 쌓아놓고 파는 것이 보였다. 큰 것 하나가 10위안 정도였다.

라싸에 도착해 시장을 둘러보니 역시나 수박이 산더미였다. 라싸는 표고 3,600미터에 달하는 고지대에 위치하고 있어서 수박을 재배하지 못한다. 이상하다 싶어 물어보니 청두에서 트럭으로 실어온다는 것이다. 가격은 청두에서와 마찬가지로 1개 10위안이었다.

나는 여기서 중국 정부의 현명한 판단을 읽어냈다. "백성은 먹을 것을 하늘로 삼는다"고 했다. 청두에서 라싸까지는 2,000킬로미터가 넘는 거리이고 트럭으로 실어오는 데도 상당한 비용이 들 것이다. 원래대로라면 청두에서와 같은 가격으로 팔릴 리가 없었다. 그럼에도 불구하고 같은 가격으로 팔리는 것은 행정적인 보조가 있기 때문일 것이다. 수박 값을 보조한다면 다른 식품에도 분명 지원을 하고 있을 터. 중국 정부가 티베트의 식생활에 꽤 많은 지원을 하고 있음을 알 수 있다.

알다시피 티베트에는 중국으로부터 독립하려는 움직임이 계속 있었다. 중국 정부는 세금을 투입해 티베트 사람들에게 저렴한 먹을거리를 제공하고 배를 불려줌으로써 독립의 에너지를 잠재우려는 계산이다. 민낯을 들여다보는 여행이기에 이러한 현지 상황을 피부로 느껴볼 수 있었다.

서점에서 읽은
시민들의 속마음

중국은 꽤 재미있는 나라다. 세계유산인 황산에 올라가 빈 깡통 하나 없는 청결함에 깜짝 놀라는가 하면, 쓰레기 넘치는 지방도시를 걷느라 진땀을 빼기도 한다. 한편, 나는 한자를 읽을 수 있으니 서점에 가서 쭉 훑어보면 어떤 책이 잘 팔리는지 한눈에 알 수 있다. 서점의 가장 눈에 띄는 위치에는 돈벌이 관련 책이나 역사책이 진열되어 있다.

심술꾸러기 기질을 발휘해 종이에 '我求毛澤東選集'(마오쩌둥 선집을 사고 싶습니다)이라고 적어 점원에게 내밀면 대개 표정이 떨떠름하다. 마지못해 책이 있는 곳을 안내해주는데 대부분 가게 구석, 아무도 오지 않을 법한 곳이다. 먼지를 뒤집어쓴 마오쩌둥의 책을 보면 찾는 사람이 거의 없음을 알 수 있다.

천안문 광장에는 마오쩌둥의 동상이 자랑스럽게 서 있는데 그것은 어디까지나 나라 차원의 생각이고, 일반 시민들의 속마음은 마오쩌둥보다 돈벌이에 훨씬 기울어 있다. 이것이 공산주의 국가 중국의 참모습임을 여행을 통해 실감했다.

중국에 가서 그러한 사정을 이해하고 나면 미디어 보도가 얼마나 표면적인 정보만 전하는지 잘 알 수 있다. 앞으로 10년 안에 중국이 붕괴할 것이라고 말하는 사람이 있지만, 이렇게 고도성장을 하고 있고 일반 시민이 이데올로기보다 돈벌이에 매진하고 있으니 그렇게 간단히 무너질 리가 없다. 또 중국이 무너지면 가장 먼저 힘들어지는 것이 일본이니 중국이 나름대로 살림을 잘 꾸려서 어떻게든 연착륙해주길 바랄 뿐이다.

여행으로 얻는 정보량은 압도적이다

여행의 최대 효용은 "백문이 불여일견"에 있다. 피라미드의 크기는 책으로는 알 수 없고 피라미드 앞에 직접 서서 그 장소의 냄새를 맡고 열기를 느끼고 돌을 만져봐야 제대로 알 수 있다. 그 장소의 열기, 뜨거운 모래, 덩어리로서의 양감 등은 책으로 절대 알 수 없다. 생생한 정보는 인간의 오감을 통해서만 전해지는 것이니까.

2013년에 개봉한 영화《그래비티》의 마지막 장면에서 주인공이 지구로 귀환해 모래 해변에 맨발로 서는 장면이 나온다. 이족보행하는 인간이 양발로 대지의 중력을 느끼는, 대단히 인상적인 장면이다. 여행으로 얻을 수 있는 정보량은 압도적이다. 인간이 눈으로 글자를 읽고 귀로 타인의 이야기를 들어 정보를 얻는다고 생각하면 큰 오산이다. 인간은 항상 오감으로 정보를 수집한다.

다만 여행을 갈 수 있는 곳이 한정되어 있고 게다가 타임머신이 아직 개발되지 않았으니 현재의 장소에만 갈 수 있다. 2,000년 전의 마을에는 갈 도리가 없다. 여행의 리얼리티는 다른 것에 비할 수 없지만 범위가 좁다는 것이 문제다. 그에 비해 책은 어디라도 갈 수 있다. 지구뿐만이 아니라 화성에도, 태양계 밖에도 갈 수 있다. 물론 옛날옛적의 마을에도 갈 수 있다. 그래서 여행과 책은 보완관계를 이룬다. 책·사람·여행을 잘 조합해 인생을 즐거운 추억으로 채워보자. 인생의 즐거움은 희로애락의 총량에 있으니까.

7장

교양시사 1.
국내 문제를
바라보는 시각

인간이
살아가는 데
필요한 무기

　　일반론이지만 사람은 가난할 때 더 열심히 일하고 공부한다. 하루빨리 곤궁한 처지에서 벗어나 넉넉하게 생활하고 배불리 먹고 싶기 때문이다. 배부른 나라가 되어버린 일본에서 헝그리 정신을 기대하는 것은 현실적으로 어려울지 모른다. 태어났을 때부터 나라가 풍요로웠으니 애초에 고생을 알지 못한다. 학생들이 공부하지 않아도 졸업하고 취직이 되기 때문에 일본의 교양은 좀처럼 자라지 못하고 있다. 이래서야 세계 속 경쟁에서 살아남고 지금의 풍요로운 일본을 다음 세대에 물려줄 수나 있을까?

　　자연발생적인 헝그리 정신을 기대하기 힘든 시대에 중요한 역할을 하는 것이 교육이다. 교육이란 본래 인간이 사회를 살아가는 데 필요한 무기다. 적어도 다음 2가지는 익혀야 한다.

첫 번째는 생각하는 힘이다. 자기 머리로 생각하고 자기 언어로 자신의 의견을 말할 수 있는 인간으로 키우는 것, 이것이 교육의 최대 목적이다. 또 하나는 현대의 사회생활을 하는 데 필요한 살아 있는 실천적 지식을 가르치는 일이다. 특히 선거, 민주주의, 돈, 세금과 사회보장제도 등 생활에 직결되는 사항에 대해서는 반드시 실천적인 지식을 가르쳐야 한다.

하지만 종전 후 생각이 필요 없는 따라잡기식 성장의 시대가 길게 이어졌고, 아직 그 자취가 남아 지금도 생각 없는 교육이 계속되고 있다. 암기에 편중하고 수험을 목적으로 한 묘한 학습체계가 확립되었고, 살아가는 데 그다지 중요하지 않은 지식만 이상하리만치 치열하게 가르치고 있다. 민간도 교육산업이라는 이름하에 그에 박차를 가하고 있다. 이제 일본의 교육은 본래의 기능을 되찾아야 한다.

북유럽 꼬마보다 못한 일본의 정치평론가

북유럽에서 근무하던 때의 일이다. 북유럽에서는 의무교육으로 현대사회를 살아가는 데 반드시 필요한 실천적 지식을 가르친다. 선거를 예로 들어보자. 현대의 선거에서는 언론이 사전에 결과를 예상하는 것을 당연시한다. 즉, 투표 전 어느 후보가 우세한지 대략적인 그림이 나온다. 북유럽 아이들은 선거에 대해 이런 내용을 배운다.

"만약 네가 유력한 후보를 지지한다면 3가지 방법이 있어. 유력 후보의 이름을 써서 투표하거나 백지를 내거나 기권하거나. 반대로 유력 후보를 지지하지 않는다면 단 1가지 방법밖에 없어. 반드시 투표장에 가서 다른 후보의 이름을 적는 거야."

실로 구체적이고 알기 쉬운 가르침이 아닌가? 현대 선거의 시스템에서는 무효표와 기권은 유력 후보에게 투표하는 것과 완전히 같은 결과를 초래한다. 즉 무효, 기권은 유력 후보를 지지하는 것과 사실상 같다.

2014년 일본 총선거에서 자민당의 절대득표율(비례구)은 16.99%였다. 그럼에도 불구하고 자민당이 압승한 것은 무효표와 기권이 많았기 때문이다. 전 수상이었던 자가 "선거에 관심 없는 사람은 집에서 잠이나 자면 된다"고 발언해 물의를 빚은 일이 있는데, 실은 정곡을 찌른 말이었다.

당신이 유력 후보를 지지하지 않는다면 반드시 다른 후보에게 투표하는 것 외에는 선택지가 없다. 무효표나 기권은 결국 유력 후보가 당선되도록 돕는 결과를 내기 때문이다. 하지만 일본에서는 일부 정치평론가가 "무효표도 현상황에 대한 부정이라는 일종의 의사표시다. 뽑고 싶은 후보가 없다면 당당히 기권하라"며 장려하는 일도 있다. 교양이 부족하다고밖에 말할 수 없다. 북유럽의 어린아이보다 못한 정치평론가. 이것이 감출 수 없는 일본의 진짜 모습이다.

선거는
인내 그 자체다

처칠은 선거에 대해 이렇게 말했다.

"나를 포함해서 선거에 입후보하는 인간 중에 멀쩡한 사람은 없다."

선거에 나오는 사람은 인기를 얻거나 돈을 벌거나 혹은 권력 획득이 실제 목적이라고 독설가 처칠은 말했다. 또한 이렇게도 말했다.

"선거란 쓸모없는 사람들 사이에서 조금이라도 멀쩡한, 그래서 현시점의 세금을 잘 배분할 수 있는 사람을 계속해서 골라내야 하는 인내 그 자체다."

"그러므로 민주주의란 최악의 시스템이다. 왕정, 귀족정, 황제정 등 지금까지 있었던 인류의 정치체제를 제외하면."

두 번째 문장은 비교적 많이 알려져 있지만 첫 번째 문장을 아는 사람은 별로 없다. 하지만 처칠의 본심은 첫 번째 문장에 더 가깝지 않았을까?

처칠의 이 말은 결코 농담이 아니다. 오히려 핵심을 찌르는 말이다. 정치가와 민주주의에 과도한 기대를 품어서는 안 된다. 선거는 쓸모없는 인간들 사이에서 조금이나마 멀쩡한 인간을 골라내는 인내 그 자체인 것이다. 좋은 정부를 만들기 위해서는 상당한 인내가 필요하고, 정치가에게 제멋대로 훌륭한 인격을 입혀서는 안 되며, 안일하게 정부와 정치가를 믿으면 안 된다고 처칠은 호소했다.

또 우리는 무심코 민주주의가 역사상 가장 이상적인 정치체제라고 생각한다. 하지만 민주주의는 결코 best가 아니며 겨우겨우 better에 이른 체제임을 인식해야 한다. better는 언제든 worse 혹은 worst로 떨어져도 이상하지 않다. 민주주의를 좀더 깐깐한 눈으로 바라보아야 한다.

처칠이 말한 현실적인 발상을 이 나라의 학교 교육에서도 가르쳐야 한다. 앞서 소개한 두 문장만 배워도 '이런 수준 낮은 후보자들에게는 투표하고 싶지 않다'는 식의 엉뚱한 발언을 하는 사람이 줄어들 것이다. 처칠의 말은 선거와 민주주의에 대해 배워야 하는 최소한의 상식이다. 한 외국인 친구는 "일본인은 다들 정부에 대해 불만스러워하는데 어째서 투표율은 이렇게 낮지?" 하며 이상하게 여겼다. 정부는 시민으로부터 분리되어 존재하는 적이 아니라 우리 시민이 직접 만든 것이다.

투자와 저금의
차이를 알아두라

돈은 현대사회를 살아가기 위해 꼭 알아야 하는 것이다. 돈에 관해서도 살아 있는 지식을 가르쳐야 한다. 나는 학교에서 적어도 투자와 저금의 차이 정도는 제대로 가르쳐주었으면 한다.

매월 들어오는 수입 중 없어도 생활이 곤란해지지 않는 금액(가령 실수령액이 20만엔이고 그중 1만엔은 없어도 생활이 가능하다고 하면 그때의 금액 1만엔)은 투자에 써도 상관없다.

그러나 저금은 금리를 통한 수익을 목적으로 하는 것이 아니다. 유동성, 즉 언제라도 현금으로 찾아 쓸 수 있는 것이 저금의 최대 가치다. 물론 금리가 높으면 금상첨화겠지만, 만약 금리가 0이라고 해도 저금의 가치는 사라지지 않는다. 글로벌 기준에서 생각하면 실수령 연봉의 절반, 혹은 1년분을 저금하는 것이 보통이다.

하지만 일본에서는 브라질 국채에 큰 투자를 했다가 환차손을 입는 등 사건이 끊이지 않는다. "지금은 금리가 0%에 가까우므로 좀더 이익을 볼 수 있는 상품에 맡기세요" 하는 달콤한 말에 속은 것이다. 다시 말하지만 저금의 최대 가치는 유동성에 있다. 돈을 키우는 것은 투자의 범주에 들어가므로 사라져도 괜찮은 돈으로 해야 한다. 이 점을 확실히 하지 않으니 무심코 리스크가 높은 상품에 손을 뻗었다가 문자 그대로 본전도 못 찾는 것이다.

공적연금이 파탄 난다는 소문에 속지 마라

공적연금은 현대사회의 주요 테마다. 어느 고등학교 교사와 이야기한 적이 있는데, 공적연금에 대해서 가르칠 때는 3단계 그림을 사용한다고 한다. 1층은 기초연금, 2층은 후생연금과 공제연금, 3층은 기업연금으로 되어 있는 그림이다.

그런데 일본의 복잡한 공적연금 제도를 설명으로 듣는다고 사회에 나와 바로 써먹을 수 있는 살아 있는 지식이 될까? 오히려 사회보장은 부담과 보장이 비례한다는 원칙, 그리고 국채를 발행할 수 있는 한 현대의 정부가 파산하는 일은 없다는, 좀더 중요한 현실문제에 대해 가르쳐야 한다.

이미 초고령화 사회에 도달한 일본에 있어서 공적연금은 국민의 노후 생계수단이며 돈의 주요 테마다. 공적연금은 우리 한 사람 한 사람의 인생 후반부 열쇠를 쥐고 있다.

그럼에도 불구하고 공적연금은 일본 사회의 일대 불안 요인이 되고 있다. 재정적자 누적액이 1천조엔에 달하니 이대로 가면 정부, 그리고 공적연금이 파탄에 이르는 것이 아닐까 하는 불안이

고조되는 것이다. 언론에서도 공적연금 파탄을 테마로 한 보도가 이어지고 전문가 중에서도 경종을 울리는 사람이 있어 공적연금에 대해 막연히 불안해하는 사람이 상당히 많다. 그렇다면 실제는 어떨까?

금융기관의 영업사원이 잘하는 말이 있다.

"국가의 연금은 불안하니 사적연금에 넣어두시는 게 좋아요."

이렇게 말하며 자사에서 취급하는 금융상품을 추천한다. 하지만 이 영업사원의 주장에는 근본적인 모순이 있다.

현재 일본의 세수는 약 55조엔이다. 그에 비해 세출은 약 96조엔이나 된다. 세수가 55조엔밖에 안되는데 96조엔을 지출할 수 있는 것은 알다시피 국채를 발행하기 때문이다.

세입 부족을 국채로 보충하는 모양새이고, 국채를 발행할 수 있다면 정부는 얼마든지 유지될 수 있다. 정부가 유지되면 공적연금도 당연히 지급할 수 있다. 그러므로 정부가 파산하지 않는 한 공적연금은 유지된다. 국채를 발행하는 한 공적연금의 파탄은 있을 수 없다는 말이다.

바꿔 말하면, 공적연금이 파탄 나는 것은 정부가 국채를 발행하지 못하는 때다. 즉 국채가 종잇조각이 되어버리는 순간이다. 그때 일본은 국가적 위기를 맞이할 것이다. 당연히 아까 그 영업사원이 속한 금융기관은 대량의 국채를 떠안고 이미 파산했을 것이다. 그러므로 국가의 연금이 불안하다며 사적연금을 권하는 영업사원의 말은 논리적이지 않다. 그 직원은 아마 근대국가의 기본적인 구조를 이해하지 못하면서 고객에게 그런 설명을 했을 것이다.

국채를 떠안는 것은 어느 나라나 마찬가지로 금융기관이다. 금융은 신용으로 하는 장사고, 우리가 은행에 돈을 맡기는 것은 그 은행이 건전하다고 믿기 때문이다. 그것과 마찬가지로 은행 등 금융기관이 국채를 인수하는 것은 나라를 믿기 때문이다. 우리는 금융기관을 신용하고 금융기관은 나라를 신용하는, 신용의 연쇄관계 안에서 우리는 살고 있다.

근대국가에서 가장 신용할 수 있는 금융기관이 어디인지를 따져보면 결국 국가에 다다르게 된다. 이것은 100년도 전에 이미 증명된 바 있다. 근대국가에서는 어떤 금융기관도 해당 국가 이상의 신용등급을 받을 수 없다.

공적연금을 믿지 않고 직접 돈을 모아두겠다는 생각에 국민연금을 내지 않는 젊은이가 늘고 있다. 하지만 지금까지의 설명대로 만일 국민연금이 파산하는 사태가 일어난다면 그전에 이미 은행예금도 날아가버렸을 것이다.

국가가 존재하는 한 사회보장제도가 붕괴하는 일은 없다. 젊은이들이 더는 이런 안타까운 판단을 하지 않기 바란다. 근대국가에서는 국가 이상으로 안전한 금융기관은 존재하지 않는다는 팩트를 교양 차원에서 제대로 가르쳐야 하지 않을까?

젊은이들이 공적연금을 신뢰하지 않는 것은 "공적연금은 파탄

난다, 결국 아무도 못 받는다"는 식의 협박성 정보가 끊임없이 나오기 때문이다. 그렇게 말하면 주목을 받으니 자꾸 헛소문을 유포하는 것이다. 돈을 벌기 위해서, 혹은 이름을 알리고 싶어서 일부 학자나 평론가가 무책임한 말을 하고 있을 뿐이다. 우리는 이를 꿰뚫어봐야 한다.

적게 내고 많이 받는 모델은 이제 불가능하다

일본 연금 문제의 뿌리에는 '소부담·중보장'이 있다. 사회보험료를 포함해서 세금과 사회보장의 관계는 '부담 = 보장'이다. 이것이 문제의 핵심 기둥이자 숲이다.

일본의 세금과 사회보장의 관계를 세계적 관점(횡의 시점)에서 보면 소부담·중보장 모델을 채용하고 있음을 알 수 있다. 어떤 예를 보더라도 일본의 부담(세금·사회보험료)은 OECD 국가의 평균 이하이며 사회보장은 OECD 국가의 평균 이상이다. '부담 = 보장'이니, 이 모델대로라면 중장기적으로 유지하는 것이 불가능하다.

그런데 일본은 어째서 지속 가능하지 않은 모델을 채용한 것일까? 그것은 고도성장으로 장래의 세수가 자연스레 증가할 것이라고 생각했기 때문이다. 하지만 성장이 멈추고 게다가 인구구조

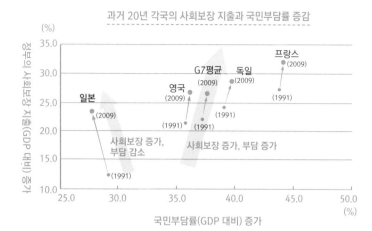

과거 20년 각국의 사회보장 지출과 국민부담률 증감

정부의 사회보장 지출(GDP 대비) 증가 (%)

프랑스 (2009)

G7평균 (2009) 독일 (2009)

영국 (2009)

일본 (2009)

(1991)

(1991) (1991) (1991)

사회보장 증가, 부담 감소

사회보장 증가, 부담 증가

(1991)

국민부담률(GDP 대비) 증가 (%)

- 사회보장지출 : IMF 〈Government Finance Statistics Yearbook 2002〉, OECD 〈Economic Outlook 76〉, 〈Stat Extracts〉, 〈National Accounts 2011 vol. II〉
- 국민부담률 : OECD 〈National Accounts 2011 vol. II〉, 〈Revenue Statistics〉, 내각부 〈국민경제계산〉 등 (수치는 일반정부(중앙정부, 지방정부, 사회보장기금을 합한 것)를 기준으로 1991년, 2009년 실적이다. G7 평균에 일본은 제외되었으며, 캐나다의 2009년 실적은 입수하지 못해 제외했다.)
※ 자료 : 재무성
※ 출처 : 2012년판 후생노동성 백서

도 급변한 바람에 처음 구상한 모델의 유지가 어려워졌고, 긴급 구난처럼 국채로 구멍 메우기를 하고 있는 것이다.

'모든 국민이 보험에 가입하고 모든 국민이 연금을 받는' 현행 사회보장제도의 골격이 완성된 것은 1961년의 일이다. 1961년은 어떤 시대였나? 그때는 일하는 사람 11명이 고령자 1명을 부양했다. 당시 남성의 평균수명은 65세 전후. 즉 연금을 받으며 사는 시기가 약 5년이었다. 일본의 사회보장제도는 축구팀 하나가 고령자 1명을 5년간 먹여 살리는 구조를 바탕으로 만들어졌다.

하지만 이제 시대와 상황이 바뀌었다. 현재는 기마전(지탱하는 사람이 2명), 혹은 목마(지탱하는 사람이 1명) 같은 구조다. 게다가 고령자를 먹여 살려야 하는 기간이 5년에서 20년 이상으로 늘어났다.

반복해 말하지만 소부담·중보장은 '부담 = 보장'이라는 구조 속에서 지속하는 것이 불가능하다. 부담보다 보장이 크면 단순한 산수로도 이 식은 성립이 안 된다. 그럼에도 지금까지 어떻게든 이어져온 것은 인구가 늘고 경제가 고도성장을 했기 때문이다. 부담률이 일정해도 성장이 있으면 그만큼 세수가 증가한다. 하지만 고도성장이 멈추고 인구증가가 멈춰버리면 소부담·중보장은 더 이상 유지할 수 없다. 바로 이러한 문제가 사회보장제도의 기본적인 구조 아래 깔려 있다.

여러 외국의 과거 20년간 동향을 보면 '부담 = 보장'이라는 대원칙에 따라 부담과 사회보장을 함께 늘려가고 있다. 일본만 예외다. 이제 일본에도 소부담·중보장은 없다. 어떤 식이든 조치를 취해야 한다.

2가지 선택지가 있다. 하나는 중보장을 유지하고 부담을 소에서 중으로 늘려 중부담·중보장으로 이동하는 것이다. 또 하나는 부담과 보장을 동시에 늘려 대부담·대보장으로 가는 방법이다. 스웨덴을 비롯한 북유럽 각국이 후자를 채택했다.

큰 정부가 시민의 노동의욕과 경쟁력을 깎아내릴 것이라는 우려가 있지만 이는 현실과 다르다는 것이 이미 증명되었다. 큰 정부인 북유럽 각국은 국제경쟁력에서 늘 상위에 머문다. 소부담·소보장은 의료비와 공적연금을 크게 삭감하지 않으면 안 되므로 정치적으로 불가능하다. 따라서 현행의 소부담·중보장이 갈 길은 앞에서 말한 2가지뿐이다.

우리는 이 점을 냉정하게 이해해야 한다. 그리고 어느 쪽이 더 좋은지 각자 생각하고 그 결과를 투표로 보여주어야 한다. 언론도 이 문제의 본질을 파악하고 보도해야 하는데, 나무와 숲을 충분히 이해하는 언론사가 극히 드문 것이 현실이다. 특히 공적연금 문제는 대부분 지엽말단에 머물고 있다. 그런 이야기가 더 재미있어서인지는 모르겠지만. 정치가도 언론과 마찬가지다.

공적연금 문제의 본질적인 논의는 이게 끝이다. 세대간불평등이니 공적연금 적립식 등은 지엽말단의 각론에 지나지 않는다. 우선은 본질을 논의하고 확실하게 미래를 내다보아야 한다.

세대간불평등을 없앨 수 있는가?

이제 지엽적인 이야기도 해보자. 우선 세대간불평등 문제가 있다. 현재의 고령자는 자신이 부담한 사회보험료의 4배에 이르는 공적연금을 받고 있는데, 젊은이들은 나중에 2배 정도밖에 받지 못한다. 이것이 불공평하다고 규탄하는 것이 가장 일반적인 패턴이다. 언뜻 보아 정의를 주장하는 것 같은데, 그렇다면 어떻게 해야 불공평이 해소될까?

원칙적으로 2가지 방법이 있다. 증세로 젊은이들이 나중에 받을 공적연금을 늘리거나, 노동인구를 큰 폭으로 늘리거나 둘 중 하나다. 기마전을 축구팀으로 돌려놓으려면 대량의 이민을 받아들이는 방법밖에 없겠지만 말이다. 잘 생각해보면 세대간불평등을 큰소리로 외치는 사람 중 일부는 저출산·고령화라는 이 나라의 인구통계학적 변화를 제 입맛대로 세대간불평등이라고 선동하고 있는 것에 지나지 않는다.

만약 세대간불평등을 해소해야 한다는 주장으로 일관한다면 동시에 증세하거나 노동인구를 큰 폭으로 증가시키는 등의 대책을 병행하자고 제안해야 마땅하다. 정합성 없이 겉보기에만 번지르르한 주장이 횡행하니 이 나라 국민의 수준이 의심스럽다.

또 공적연금 적립식 주장은 장래에 수령할 공적연금을 각 개인이 사전에 쌓아두도록 하는 방식을 말한다. 이 주장의 본질은 큰 정부다. 본래 정부의 역할은 부담(세금·사회보험료)을 잘 분배(공적연금·의료 등)하는 것에 있다. 그에 더해 장기적 자금운용 업무를 정부에 맡기자는 것이다. 현재 민간의 후생연금 기금은 속속 해산되고 있다. 0%에 가까운 저금리하에서 장기적인 운용이 어렵기 때문이다. 이러한 여건에서 무조건 정부에 자금 운용을 맡긴다고 해결될 문제는 아니라고 생각하는데, 독자 여러분의 생각은 어떤가?

세대간불평등을 대하는 세계적인 상황을 보면 인구통계학적 변화 이상의 불평등은 조정해야 마땅하지만, 인구통계학적 변화에 의한 불평등은 감수해야 한다는 것이 대세다. 또 적립식보다 부과식(그 해 거둔 세금과 사회보험료로 해당 연도의 부담을 해결하는 방식)을 채택한 나라가 대부분이다. 공적연금은 세계 공통의 문제이니 세계의 대세적인 흐름이 상대적으로 올바른 해법이라고 생각되지 않는가?

공적연금 문제는 모든 사회보장제도에 적용할 수 있다. 부담을 높이든지(그러면 보장도 증가한다), 부담을 높이지 않으려면 모두 투표에 참여해서 제대로 배분할 줄 아는 정부를 만들든지, 혹은 생산성을 높여 경제성장을 하든지(그러면 증세로 이어질 것이다), 이상의 3가지 말고 다른 해결책은 없다.

비정규직 노동자에게도 연금 확대를

그다지 사람들 입에 오르내리지 않지만 공적연금 개혁에서 가장 중요한 과제는 사실 후생연금·건강보험의 적용을 확대하는 문제다. 이것은 피고용자이면서 피고용자 보험의 혜택을 받지 못하는 비정규직 노동자 등에 후생연금을 적용하고, 안전망을 강화해서 사회보장의 격차를 줄이는 것이다.

　현행 제도에서는 원칙적으로 주 30시간 이상 노동이 후생연금을 적용하는 조건이다. 그런데 최근 일본에서도 근로개혁 이야기가 나오고 있고, 근로시간보다 성과를 중시하는 방향으로 점점 돌아서고 있다. 그렇다면 근로시간에 상관없이 모든 피고용자에게 후생연금을 적용하는 것이 장시간노동에 줄곧 붙잡혀 있던 이 나라의 노동악습을 개혁하는 기폭제가 되지 않을까?

　정부의 계산에 따르면 일정임금(월 5만 8천엔 이상)을 받는 모든 피고용자(약 1,200만명)에게 후생연금을 확대 적용할 경우 일본의 공적연금 재정이 개선되어 안정적으로 돌아선다고 한다. 이러한 개정을 거치면 계약직, 파트타이머도 대부분 후생연금에 들어가게 되어 3호 피보험자(전업주부) 문제도 저절로 수습될 것이고, 1호 피보험자(국민연금)는 제도 본래의 취지인 자영업자에 한정될 수 있다.[1] 물론 정규직·비정규직의 벽도 꽤 낮아질 것이다.

　이것은 독일이 슈뢰더 개혁으로 채택한 방식이다. 일본의 기업은 후생연금을 확대하면 기업의 부담이 증가한다며 반대하지만 거시적으로 보면 기업에도 이점이 있다. 미시적으로 보면 기업의

---

1. 일본의 연금제도는 1, 2, 3층으로 나누어져 있고 가입대상자도 1, 2, 3호로 나누어져 있다. 1층이 국민연금, 2층이 후생연금과 공제연금, 3층이 기업연금이다. 1호 가입자는 자영업자, 농민, 학생 등이며, 2호 가입자는 각종 노동자, 공무원 등이고, 3호 가입자는 2호 가입자의 배우자다.

보험료 부담은 분명 증가한다. 하지만 동시에 다양한 형태로 근무하는 직원을 자유롭게 고용할 수 있다는 이점이 생긴다. 성수기에만 주 3일 근무할 직원을 고용할 수 있다면 업무 내용에 맞게 고용체제를 유연하게 짤 수 있고, 종합적으로 생각하면 전체 인건비를 줄일 가능성도 있다. 그 편이 훨씬 합리적이다.

노동자에게도 이점이 있다. 특히 어린 자녀가 있는 전업주부나 직장맘에게 단시간노동이라는 선택지는 큰 의미가 있다. 적용을 확대하는 것은 근무방식 개혁뿐만 아니라 사회 전반에 긍정적인 파급효과를 미칠 것이다. 현재 독일에서는 성공을 거두고 있고 중장기적으로 보아 기업의 수익도 개선되고 있으니 반대할 만한 이유가 없지 않을까?

증세 없는 사회보장은 있을 수 없다

사회보장제도 개혁과 관련해 세제개혁, 특히 소비세 문제는 시민들의 관심이 높은 주제다. 소비세뿐만 아니라 모든 세금은 낮은 편이 좋지 않냐고, 그러므로 소비세 인상은 반대한다는 것이 다수의 정직한 의견(상식)일 것이다.

하지만 일단 상식을 버리면 다른 것이 보인다. 소비세의 반대는 무엇인가? 간접세인 소비세의 반대는 직접세인 소득세다. 그런데 소비세 증세가 왜 도마 위에 오르는고 하니, 사회보장제도를 유지하기 위한 재원이 필요하기 때문이다. 앞에서 말했듯 일본의 사회보장제도는 '축구팀 하나가 고령자 1명을 5년간 먹여 살리는 것'을 전제로 시작되었는데, 현재는 '기마전 또는 목마 태워 20년'으로 변질되었다. 그에 더해 경제성장은 멈추었고 인구도 감소 국면에 접어들었으니, 일하는 세대에게 기마전이나 목마로 20년간 버티라고 하는 것은 결코 간단한 일이 아니다.

세금이란 무엇인가? 공공재나 공공서비스의 대가다. 사회보장제도는 공공서비스의 핵심이다. 공공서비스는 보장이며 세금은 부담이다. 부담과 보장은 동전의 양면처럼 세트를 이루고 있다. 부담 없이 보장만 얻으려는 것은 성립되지 않는다.

사회보장은 전 국민을 대상으로 한다. 소득세는 일하는 사람만 부담하지만 소비세는 전 국민이 부담하는 세금이다. 일하는 사람이 많던 시대(축구팀 시대)에는 소득세만으로도 잘 돌아갔지만 일하는 사람이 적은 현재(기마전·목마 시대)에는 일하는 사람만 부담해서는 사회가 돌아가지 않는다. 고령자를 포함해 모두 함께 부담해야 한다.

이렇게 생각해보면 이데올로기와 관계없이 고령화 사회에서는 소비세가 필요함을 부인할 수 없다. 그러므로 고령화 사회이고 선진국인 유럽에서는 부가가치세(≒소비세)가 중심이다.

거시경제적 관점에서 국민의 소득은 국민의 소비로 이어진다는 취지로 마거릿 대처는 다음과 같이 말했다.

"우리가 피땀 흘려 번 소득에 과세하는 것은 노동을 벌하는 것이다. 그보다는 개인이 선택한 소비에 과세하는 것이 훨씬 더 공평하다."

부자 우대라는 비판에 대해서는 상속세율 100%로 대응하면 전혀 문제가 없을 것이다(배우자에 대한 배려는 필요하지만). 또 혈연 유무와 관계없이 20대, 30대에 대한 증여세율을 0%로 하면 돈이 고령자에게서 젊은 세대로 자연스레 흐를 것이다. 자기 머리로 생각하지 않고 "소비세 증세 반대"라는 듣기 좋은 슬로건에 검증 없이 동조하면 진짜 해결책은 찾아낼 수 없다.

인구감소를 막는 것이 최우선 과제

사회보장제도, 소비세, 경제와 재정 문제. 일본이 안고 있는 이 모든 문제의 근본을 파고 들어가면 인구 문제로 귀결한다. 인구는 국가의 기본적인 힘의 원천이다. 이대로 인구감소가 계속되면 세금제도, 사회보장제도, 경제정책 모두 일정 시점에 근본적으로 재수립해야 한다. 저출산 문제야말로 일본이 끌어안고 있는 본질적인 문제라 할 수 있다. 일본의 미래를 결정짓는 큰 문제다.

정부는 겨우 무거운 엉덩이를 들어 2014년 6월에 '50년 후 인구 1억명을 안정적으로 유지'한다는 목표를 새롭게 내걸었다. 인구를 유지하기 위해서는 출생률을 2.0 이상으로 끌어올릴 필요가 있는데, 현재(2014년) 일본의 출산율은 1.42밖에 되지 않는다. 프랑스나 스웨덴 등은 출산율을 2로 회복하는 데 성공했는데, 이러한 나라들은 GDP 대비 3% 이상의 예산을 저출산 대책에 쏟고 있다. 일본의 약 3배 수준이다. 일본이 그 정도로 끌어올리려면 약 10조엔의 재원을 새로 마련해야 한다.

저출산 현상을 멈추는 것이 최우선 과제이므로 물론 재원을 마련해야겠지만, 그렇다고 돈만 있으면 출산율이 회복될까? 저명한 여성 평론가가 이런 취지의 말을 한 적이 있다.

"인구감소에 당황한 남자들이 여자들을 치켜세워 실패한 남자들의 정책을 뒤치다꺼리하게 하려고 한다. 속셈이 뻔히 들여다보인다. 누가 속아 넘어갈까 보냐."

이 발언에도 일리는 있다. 출산율을 높이기 위해서는 우선 여성들이 자연스레 아이를 낳고 싶어할 만한 사회를 만들어야 한다. 그러려면 우선 '아이는 사회 전체의 보물'이라는 지극히 당연한 인식이 사회 구석구석까지 철저히 퍼져 있어야 한다. 그래야 법률혼, 사실혼, 편부모 등 가정의 형태와 상관없이 세상에 태어난 아이는 모두 평등하게 대해야 한다는 인식이 사람들 속에 자연스레 자리잡을 것이다.

그다음으로 일본의 근로방식을 근본부터 바꾸어야 한다. 남자는 밖에서 장시간 노동하고 여자는 집에서 가사·육아·간병 등에 힘쓴다고 하는 성별에 따른 분업을 근절하고, 다른 선진국과 마찬가지로 잔업은 원칙적으로 금지, 가사와 육아, 간병도 사회 전체가 지원해주어서 남녀가 평등하게 분담하는 새로운 문화를 만들어가야 한다.

마지막으로, 젊은 세대의 소득을 끌어올려야 한다. 현재 일본의 20대 평균 연봉은 329만엔을 조금 넘는다.

최근 한 작가가 비행기를 타고 시코쿠 지방으로 가는 길에 같은 비행기에 탄 아기가 계속 울었다며, 끊임없이 우는 아기를 동반한 엄마는 비행기를 탈 자격이 없다는 식의 발언을 한 것을 보고 무척 화가 났다. 나는 이 작가의 발상을 용서할 수 없다. 아기는 당연히 운다. 우는 것이 아기의 일이다. 비행기는 공공 교통기관이므로 아기가 타는 것은 당연하고, 거기에 탄 아기가 우는 것도 당연하다. 저출산으로 고민하는 현재, 아기는 사회의 보물이다. 그 작가에게는 이런 인식이 완전히 결여되어 있다. 아기가 우는 것이 싫다면 비행기를 전세 내어 혼자 타고 가면 될 일이다. 아기에 대해 관용이 없는 이런 사회에서 과연 여성들이 아기를 낳고 싶어할까?

비슷한 이야기는 또 있다. 도쿄의 한 지역에서 주택가 안에 보육원을 만들려고 하니 주민들이 시끄러워서 낮잠을 잘 수 없다며 잇따라 항의를 했다. 그래서 해당 구청은 방음 이중유리를 설치하고 아이들을 실외에서 놀게 하지 않는 등의 대책을 세웠다고 하는데, 이는 정말 말도 안 되는 이야기다. 주민들의 이기심을 위해 귀중한 세금을 써도 좋은가? "아이들 소리가 시끄러우면 자비를 들여 방음창을 하든지, 아니면 이사를 가세요"라고 말해주고 싶다. 아이는 밖에서 뛰어놀며 무럭무럭 자라야 한다. 그것이 아이의 일이다. 어른의 낮잠과 아이의 건강한 성장, 어느 쪽이 더 중요한가?

최근에는 아이들 때문에 시끄럽다며 보육원의 이웃 주민이 위자료를 청구하는 소송을 하고, 주민의 반대로 새 보육원 개원이 연기되기도 했다. 이런 사람들은 자기가 무엇을 위해 사는지 모른다. 인간은 다음 세대를 위해 살아가야 한다. 자신의 안락한 삶 같은 피상적인 것만 생각하니 이런 사태가 일어나는 것이다. 침몰하는 배에서 탈출할 때도 아이, 여자, 남자, 고령자 순이다. 아이가 최우선이고 고령자가 마지막이다. 이것이 엄연한 생명의 서열이다.

프랑스는 어떻게 출산율 회복에 성공했나?

저출산 대책은 프랑스의 '시라크 3원칙'을 참고로 생각해보자. 프랑스도 저출산으로 고민이 깊었지만 시라크 3원칙을 바탕으로 한 저출산 대책을 내놓았고 보기 좋게 출산율 반전에 성공했다.

시라크 3원칙의 기본 틀은 대단히 심플해서 '프랑스의 전통과 문화를 지키기 위해서 프랑스어를 모국어로 하는 인구를 늘려야 하고(문화란 언어다), 인구를 늘리기 위해서는 여성들이 아기를 낳고 싶을 때 낳을 수 있는 상황을 사회 전체가 책임지고 만들어야 한다'는 것이다. 이러한 기본 틀에 따라 구체적인 정책이 입안되었다.

제1원칙은 출산이 경제적 문제로 이어지지 않도록 조치할 것. 아이를 낳아서 경제적 부담이 늘지 않도록 아이가 태어날 때마다 꽤 넉넉한 지원이 제공된다. 이 배경에는 '아이는 여성이 낳고 싶을 때 낳는 것이지만, 그 여성이 경제력이 있는 시기와 출산을 원하는 시기가 반드시 일치하지는 않으므로 그 괴리를 (아이는 사회의 보물이므로) 사회가 책임지고 메운다'는 지극히 지당한 생각이 깔려 있다.

제2원칙은 회사에 다니며 출산한 워킹맘이 힘들지 않은 환경을 만들 것. 지방자치단체의 책임하에 보육원을 완비하고 대기 아동을 0으로 만든다. 또 최초 1년간 육아휴직 중에는 급여를 거의 100% 보장한다. 이렇게 되면 1세 아기의 보육은 가정에서 해결되고 2세 이후에는 사회에서 보육하게 된다. 1세 아기의 보육에 가장 많은 노력과 비용이 필요하므로 이 시기에는 원칙적으로 부모에게 맡긴다. 급여를 100% 보장하면 부모들은 대부분 육아에 전념한다. 부모와 아기가 함께 보내는 시간이 길어지므로 이는 개인적, 사회적으로 바람직한 구조다.

제3원칙은 육아로 최장 3년간 휴직해도 직장에 계속 근무한 사람과 마찬가지로 보아 인사평가에도 영향을 미치지 않고 원래의 직무로 돌아올 수 있도록 보장할 것. 일본에서는 육아휴직을 쓰고 돌아오면 고과가 떨어져서 한직으로 내몰리는 경우가 많다. 이래서야 누가 주저 없이 육아휴직을 쓸 수 있겠는가? 이를 국가 차원에서 금지해야 국민이 안심하고 아이를 낳아 기를 수 있는 환경이 마련된다. 프랑스는 이를 위해 GDP의 약 3%를 육아지원에 투자하고 있다.

프랑스의 출산율은 겨우 10년 만에 1.6에서 2.0을 넘는 수준까지 회복되었고 저출산 현상이 멈추었다. 단순하고도 지극히 합리적·정합적이다. 문제의 근본을 잘 파악하면 정책의 효과가 확실히 나타난다는 좋은 예다.

덧붙여 말하자면, 프랑스에서는 1999년에 아울러 PACS라는 제도를 정비했다. Pacte civil de solidarité(시민연대계약)의 약자로, 구체적으로는 '동성 또는 이성의 성인 2명이 동거생활을 영위하기 위한 계약'(프랑스 민법 제515-1조)을 지칭한다. 요컨대 사실혼을 인정하는 제도다. 법률혼이든 사실혼이든, 혹은 둘 다 아니라도(편부모) 각 가정에서 태어난 아이는 사회의 보물이므로 어떠한 차별도 받지 않는다는 대원칙을 품고 있다. 이 또한 저출산 방지에 기여하고 있다.

프랑스에 비하면 일본의 움직임은 느려도 너무 느리다. 부부별성[2] 같은 기본적인 대책조차 손을 쓰지 못하고 있다. 부부별성을 인정하면 일본의 전통이 파괴된다며 반대하는 사람이 있지만, 이는 공부가 부족한 탓이다.

일본이라는 국호는 지토 천황[3] 때 확정되었으므로 일본은 적어도 1,300년 이상의 역사를 갖고 있다. 1,300년의 역사 중 부부동성이 시행된 것은 1898년 민법 성립 이후로, 겨우 120년뿐이다. 나머지 기간에는 부부가 별성을 사용했으며, 헤이안시대에는 쓰마도이콘[4]이라는 결혼 양식이 대표적이었다.

또 세계로 눈을 돌려보면 현재 법률혼의 조건으로 부부동성을 강제하는 것은 OECD 34개국 중 일본뿐이다. 종과 횡의 시점에서 살펴보면 부부동성이 오히려 특이한 제도임을 잘 알 수 있다. 혼인 후 사용할 성을 부부가 자유롭게 고른다고 해서 무엇이 문제가 될까? 이렇게 사회의 좁은 도량, 혹은 특정 가치관을 강제하는 것은 참 마음에 걸리는 부분이다.

----

2. 결혼 후 부부가 같은 성을 쓰는 일본에서(대부분 여성이 남성의 성을 따른다) 여성의 불편함, 정체성 등을 문제로 각자 다른 성을 쓰도록 인정해야 한다는 움직임이 일고 있다.
3. 일본의 41대 왕으로 재위기간은 645~702년.
4. 부부가 따로 살며 남편이 밤에 아내의 처소를 방문하는 결혼 형식.

고령화 대책은 '나이 무제한'을 원칙으로

저출산 고령화 사회에서 저출산 문제를 살펴보았으니 이번에는 고령화 대책으로 눈을 돌려보자. 나는 고령화 대책의 기둥을 '나이 무제한 원칙'에서 찾아야 한다고 본다.

민간단체인 일본창성회의는 10년 후 '자택이나 병원에서 필요한 보살핌을 받지 못하는 고령자'가 43만명에 이를 것이므로 병원 침대 수에서 여유가 있는 지방으로 이주해야 한다고 제안했다 (2015년 6월). 나는 이것이 '고령자 = 자리보전'을 전제로 하고 있다는 점에서 근본적으로 틀렸다고 본다. 정말로 자리보전하는 사람이라고 해도 단순히 빈 침대가 있다는 이유로 누가 연고도 없는 지방으로 이주하길 원한단 말인가?

'평균수명 - 건강수명 = 보살핌 받는 기간'이므로 초고령화 사회의 핵심 정책은 건강수명을 늘리는 쪽이어야 한다. 어떤 의사에게 물어봐도 건강수명을 늘리는 가장 좋은 방법은 '일'이라고 한다. 그렇다면 최우선 과제는 정년제를 폐지하고 앵글로색슨 족의 나라들처럼 '나이 무제한' 근로관행을 만드는 것이 필요하다.

정년제를 폐지하면 연공서열형 임금제도는 단번에 동일노동·동일임금제로 바뀌고, 노동의 유연성도 한 걸음 더 발전할 것이다. 그렇게 되면 아마 공적연금의 지급개시 연령을 70세 정도로 끌어올려도 문제가 없을 것이다. 덧붙여 공적연금의 지급요건에 연령뿐만 아니라 일정한 자산이나 소득 유무를 추가한다면 공적 연금의 재정 상태가 단숨에 호전될 것이다.

의료에도 나이 무제한 원칙을 적용해 고령자도 전원 30% 부담을 원칙으로 하고, 공적연금과 마찬가지로 연령이 아닌 자산·소득별로 차등 적용 여부를 결정한다.

그리고 초고령화 사회임을 고려해 사전의료계획(ACP, Advance Care Planning) 제도를 도입해야 한다. 50세를 넘으면 어떠한 종말기 의료를 희망하는지를 미리 정해두는 것이다. 또 선진국에서는 50% 수준으로 보급되어 있는 제네릭의약품[5]의 이용을 더욱 권장해야 한다. 사전의료계획이나 제네릭의약품에 대해서 의료보험 점수표에 따라 높은 인센티브를 부여하면 이후에는 시장원리에 따라 움직일 것이다.

그리고 서구 선진국처럼 주치의와 종합병원을 이원화해 의료자원을 효율적으로 사용할 수 있도록 해야 한다. 종합병원의 초진료를 대폭 인상하면 진료 받을 의료기관을 자유롭게 고르는 지금의 시스템이 자연스레 바뀔 것이다. 초고령화 사회에서는 공적연금과 의료에서 개선해야 할 부분이 아직 많이 남아 있다.

---

5. 최초 개발된 의약품과 주성분 함량, 안전성, 약효 등에서 동등한 의약품.

장기 주택담보대출은
시대착오적 발상

돈에 관해서 공적연금과 나란히 하나 더 알아두어야 하는 중요한 지식이 있다. 바로 주택담보대출이다.

일본에서는 내 집 마련이 인생의 목적처럼 여겨진다. 일생일대의 쇼핑으로 내 집을 장만하려는 경향이 아주 강하다. 그 때문에 35년에 걸친 주택담보대출이나 2세대 초장기주택담보대출이라는 것이 생겨나 시민의 가계에 큰 비중을 차지하고 있다. 35년이나 되는 초장기 주택담보대출이 대대적으로 팔리는 곳은 세계적으로도 일본밖에 없지 않을까?

35년, 혹은 2세대 초장기주택담보대출은 성장신화를 바탕으로 한 모델이다. 앞에서도 말했듯이 종전 후 일본은 30~40년에 걸쳐 평균 7% 정도의 성장을 계속했으며 급여가 계속 증가한 특별한 행운의 시대를 보냈다. 그러나 21세기의 현실은 그와 다르다.

주택담보대출은 매월 정해진 금액을 상환하는 구조라 소득이 계속 줄어들면 어느 시점 파산에 이를 우려가 있다. 당장은 좀 힘들어도 앞으로 급여가 계속 오르면 감당할 수 있다는 전제하에 만들어진 금융상품인 것이다. 35년이라는 긴 기간 동안 소득이 계속 무사히, 그리고 지속적으로 상승한다는 것이 암묵적인 전제다. 그런데 이제 어디서 그런 보장을 받을 수 있을까? 명백히 시대착오적인 발상이다.

해외 각국에서는 일본처럼 그렇게 내 집 마련에 목을 매지 않는다. 일생 동안 임대로 사는 사람이 많고, 주거비도 개념 자체가 다르다. 그들은 주거비를 말 그대로 '주거에 필요한 비용'으로 인식한다. 그러므로 죽을 때까지 집을 빌릴 권리가 있으면 그것으로 된다. 그에 비해 일본에서는 주거비라 이름 붙이고 반쯤은 자산 만들기 개념으로 바꾸어서 이해한다. 집을 소유하고 자식들에게 남길 자산을 만들기 위한 비용인 것이다.

고도성장이 계속되던 동안에는 부동산 가격이 상승해서 자산 만들기가 어느 정도 결실을 보았지만, 저성장에 돌입하고 많은 부동산이 가치가 하락하면서 자산 만들기는 불가능해졌다. 버블 경제 전후에 부동산을 산 사람은 구입 가격의 절반, 혹은 3분의 1 이하 수준으로 부동산 가격이 하락하는 바람에 땅을 치고 후회했다.

아니, 지금도 그렇다. 3,000만엔짜리 아파트를 사도 세금과 중개수수료, 유지보수비 등의 부대비용을 빼면 이미 가치는 그 이하로 떨어진다. 게다가 매년 평가액이 하락하니 자산이 될 리가 없다. 한편 3,000만엔을 모두 금리 1.5%에 35년 상환하는 주택담보대출로 마련했다면 총액 4,000만엔 가까이 상환해야 한다. 현재는 주택담보대출의 금리가 꽤 낮지만 그래도 장기대출인 이상 득실이 맞지 않는다.

지금 일본에는 빈집이 800만 호 이상 있다. 이미 집이 남아돈다. 인구가 줄어들고 있으니 논리적으로 생각해보면 빈집은 더욱 증가하고 부동산 가격은 더욱 하락할 것이다. 부동산중개업자는 "매달 월세를 내도 집은 당신 것이 되지 않으니 집을 사고 봐야 한다, 본전은 뽑는다"는 식의 말을 한다. '부동산 가격이 상승한다면'이라는 전제조건이 생략된 말이다.

집주인이 갑인 시대는 끝났다

앞에서 부동산의 기둥 부분을 살펴보았는데 이제 가지와 잎, 즉 현실 속 세세한 부분으로 눈을 돌려보자. 좀더 골치 아파질 것이다.

현재 일본에는 주민의 고령화와 주택의 노후화가 동시에 진행되는 아파트 단지가 늘고 있다. 고층건물로 재개발할 수 있다면 좋겠지만, 그렇지 못한 경우 대부분은 수선적립금이 처음에 적게 책정되었다는 등의 이유로 한 집당 수백만엔의 수선비를 부담해야 한다. 그럴 때 가계에 여유가 있는 세대는 괜찮지만 그렇지 않은 곳은 비용을 부담할 수 없으므로 주민 간 의견이 모이지 않아서 아파트 단지를 고치지 못한 채로 계속 살게 된다. 자기 집이니 불편해도 계속 지낼 수밖에 없다. 집값은 오르지 않고 고치자니

돈이 들고, 자산이라기보다는 부담스러운 존재가 되어버리는 것이다. 세입자라면 이사하면 끝이지만 집주인은 그럴 수 없다. 부동산을 자산으로 삼는 것은 인구증가와 고도성장이 전제되어야 한다.

독특한 블로그로 잘 알려진 치키린 씨는 벌써 5년 전에 "10년 이상 되는 주택담보대출은 받지 마세요"라고 말했다(치키린의 일기, 2009년 10월 16일). 지금 유망한 대기업에 다닌다 해도, 공무원이라고 하더라도 35년 앞의 일을 누가 알겠는가? 언제까지 이 나라에서 일자리가 있을지 모르는 시대에 장기대출로 장래의 선택지를 막아놓으면 안 된다는 내용이다.

나는 앞으로 일본의 주택정책이 유럽처럼 '가구가 포함된 임대주택'으로 바뀌어야 한다고 생각한다. 그리고 나이가 들면 공영집합주택에 들어가는 구조가 이상적이다. 그렇게 되면 간병과 보살핌도 효율적으로 받을 수 있다. 또는 기본적으로 건물만 임대하고 내부구조, 내장재, 설비 등을 임대인이 자유롭게 바꾸는 스타일도 괜찮다고 본다. 이제 집주인이 갑인 시대는 끝났다.

꼭 집을 사려면 대출에 기대지 않고 현금 중심으로 구입해야 한다. 학교에서 자가와 임대의 득실도 제대로 가르쳐야 한다. 그래야 대출에 지배당하지 않는 인생을 살 수 있다.

마지막으로, 외국인 지인의 말을 덧붙이려 한다.

"빈집이 늘어나는 것이 그렇게 고민이라면, 빈집을 사서 리모

델링해 살려는 사람에게 세제혜택을 주면 된다. 인구가 줄어들고 빈집이 늘어나는 상황에서 신축 주택 취득자에게 세제혜택을 주는 정책은 아무래도 이해하기 힘들다."

속내와 동기를 파악하라

세계를 이끄는 리더는 사회에 대해 명확한 자기만의 견해를 갖고 있다. 내용은 사람에 따라 다르지만, 개인이 확고한 견해를 갖고 있어야 민주주의가 제 기능을 한다. 그런데 일본 사회는 '한마음 한뜻'을 추구한다. 모두 같은 생각을 하는 것은 애당초 불가능하고, 만약 그렇게 된다면 민주주의는 위기를 맞는다.

일본의 리더는 해외 각국과 비교하면 전체적으로 사회에 대한 관심과 이해가 얕고 어딘가 남 일을 대하는 듯하다. 자신의 견해보다 주류이자 큰 목소리로 부르짖는 사람에게 휩쓸려가는 경향이 있어서, 사회에서 자신이 해야 할 역할에 대해 확고한 자각 없이 뒷짐을 지고 있는 듯 보인다. 이 사회를 이루는 것은 우리 자신이라는 의식이 좀더 필요하지 않을까?

사회 문제와 시사 문제는 표면적인 부분에 시선을 빼앗기지 않고 나무 기둥, 혹은 숲을 이루는 본질을 파악하기 위해 노력하면 어떤 일이든 잘 이해할 수 있다. 본질을 파악할 때 첫 번째 착안점은 동기다. 원인이라고 봐도 좋은데, 어떠한 동기(원인)로 문제가 발생했는지 그 기둥를 이루는 메커니즘을 꿰뚫어보는 것이 중요하다. 추리소설과 마찬가지로 동기 혹은 결과적으로 이득을 보는 것은 누구인지를 항상 생각하는 버릇을 들여야 한다.

또 하나, 이른바 속내와 겉모습을 구분해내는 것이 중요하다. 현대사회에서는 모든 일에 대의명분이 필요하다. 드러나는 것은 겉모습뿐이지만 그 뒤에는 반드시 속내가 숨어 있다. 러시아는 크림반도를 합병하기 전에 크림반도에 거주하는 주민들의 투표 결과를 존중하는 거라고 주장했는데, 이는 당연히 겉으로 드러난 명분이다. 속내는 아마 '주민 대다수가 러시아인이고 지리학적으로도 대단히 중요한 전략거점(부동항)을 되찾아야 한다'였을 것이다. 하지만 그 속내만으로는 통하지 않을 테니 그럴듯한 명분을 내세운 것이다.

시사 문제를 볼 때는 속마음과 동기, 이 2가지만 파악해서 잘 조합하면 헛다리를 짚을 일은 많이 줄어들 것이다.

8장

교양시사2.
국제 문제를
바라보는 시각

무역 협정을 둘러싼
뒤죽박죽 논쟁

이번 장에서는 국제 문제를 다뤄보려 한다. 그런데 국제 문제는 워낙 산더미니 일본과 직접적인 관련이 있는 주제, 일본의 이해관계에 크게 좌우되는 주제만 추려서 이야기해보자.

우선 드디어 최종 국면에 접어들고 있는 TPP 문제가 있다. "TPP에 참가해야 하는가?"를 주제로 일본은 꽤 오랫동안 논의를 해왔다. TPP에 가입하면 농업을 비롯한 국내 산업이 수입품과의 경쟁에 밀려 쇠퇴하고 만다는 가입 반대 의견과, 미국을 포함한 환태평양 각국이 하나의 경제권을 형성하는 이상 무역입국 일본도 그 파도에 올라타야만 한다는 가입 찬성 의견이 있었다. 각자 나름대로 설득력이 있어서 여론은 완전히 둘로 나누어졌다. 전문가도 가입 추진을 외치는 사람과 불이익을 걱정해 반대하는 쪽이 모두 있어서 혼란만 가중될 뿐이었다.

외국인 지인이 TPP에 대해 재미있는 지적을 한 적이 있다.

"무언가 새로운 일에 도전할 때 찬성하는 사람은 앞으로 이익과 매출이 늘 것으로 기대해 찬성하고, 반대하는 사람은 손해를 볼까 봐 두려워 반대하는 것이 일반적인 패턴이다. 그런데 TPP의 경우 찬성파도 반대파도 모두 TPP에 가입하면 일본의 GDP가 증가한다고 말한다. 찬성파는 GDP가 증가해서 찬성, 반대파는 GDP는 증가하지만 반대인 것이다. 이 점이 실로 아이러니하다."

듣고 보니 맞는 말이다. GDP가 증가하니 찬성한다는 의견은 잘 알겠다. 그런데 GDP가 증가한다는 점은 인정하면서도 (그렇지 않다는 의견도 있지만) 결론은 반대하는 쪽의 주장은 이상하다고 할 수 있겠다.

TPP는 무역에 관한 협정이다. 그러므로 일본이 득을 볼 것인지 손해를 입을 것인지는 앞으로 경제에 미치는 영향이 어떻게 될 것인지가 기본적인 판단 기준이 되어야 한다. 찬성파도 반대파도 대부분 GDP가 증가한다는 점에는 동의하고 있으니, 아마도 TPP에 의해 일본은 득을 볼 것이라고 예상된다. 그렇다면 우선 기둥 부분에서 선택은 '가입 찬성'이 아닐까?

다만 반대파의 염려대로 일부 사람은 TPP에 의해 손해를 입을 것이 충분히 예상된다. 그렇다면 TPP 가입을 통해 얻은 이득으로 그들에게 손실을 일부 보전해주어야 한다는 것이 기둥 다음에 오는 가지 부분의 논의다.

이처럼 어떤 문제든 기둥과 가지를 엄격히 구별해 생각해야 한다. 어떤 일에서도 100% 이익을 볼 수는 없다. 반드시 이익과 손해가 혼재한다. 복잡하게 얽혀 있는 문제일수록 기둥이 되는 부분과 가지가 되는 부분을 가려내는 것이 대국적 판단을 그르치지 않는 기본자세다. 손해 보는 분야가 있다고 해서 기둥과 가지를 뒤섞어서 논의하다가는 본질을 알 수 없게 되어버린다.

이데올로기나 감정은 국가 관계에 도움이 안 된다

TPP보다 한·중·일 FTA가 일본에 더 큰 경제적 이익을 가져다줄 것이라는 의견이 있다. 정말 이득이 된다면 이러쿵저러쿵할 것 없이 모두 체결하면 된다 싶지만, 최근 일본은 한·일, 중·일 등 이웃 국가들과의 관계가 삐걱대고 있다.

이웃 국가와의 관계도 마찬가지로 본질을 파악해야 한다. 교외에 단독주택을 샀다고 해보자. 주변에 집이 4~5채 있다. 그 모든 집과 경계 분쟁을 하면 어떻게 될까? 일본은 지금 한국, 중국, 러시아, 북한, 대만 등 모든 주변국·지역과 영토 문제로 분쟁하고 있다. 사실 인류 5,000년 역사에서 이런 상황은 전례가 없다. 집이라면 최악의 경우 이사해버리면 되지만 국가는 그럴 수도 없다. 이웃 주민과 사이가 좋으면 물건을 나누기도 하고 문제가 생겼을 때 도움을 주고받을 수도 있다. 국가도 마찬가지로 주변국과 좋은 관계를 쌓아두면 유무형의 다양한 이점이 있을 것이다.

한 예측에 의하면 일본이 TPP에 가입하면 GDP가 약 0.54% 오르지만, 한·중·일 FTA를 통해서는 0.74% 증가시킬 수 있다고 한다. 그렇다면 실리적인 면에서도 한국, 중국과 관계를 개선하는 것을 꾀해야 하지 않을까? 이러한 숫자·팩트·논리를 제대로 보지 않고 이데올로기나 감정만으로 주변국과 관계를 정하고 싶어하는 사람들이 있다. 그래서는 숫자·팩트·논리를 기반으로 전개되는 국제외교의 세계에서 제대로 대응할 수가 없다.

고유영토라는 개념은 존재하지 않는다

영토를 둘러싼 문제(국경 분쟁)는 양국의 체면이 걸린 만큼 감정론으로 흘러가기 쉬워 난제 중의 난제다. 일반적으로 영유권 문제는 현재 실효지배하고 있는 국가에 유익하게 하는 것이 국제법상 원칙이다.

일본에서는 흔히 "역사적으로도 우리 고유의 영토"라는 말을 자주 하는데, 고유영토라는 개념은 반드시 만국 공통이라 볼 수 없다. 특히 유럽에서는 거의 쓰이지 않는 말이다. 모든 국가는 영토를 빼앗고 빼앗기는 과정을 반복하며 현재의 형태로 자리를 잡았기 때문이다.

근대 독일은 프로이센이 발상지인데 한때 프로이센의 수도였던 쾨니히스베르크는 현재 러시아령 칼리닌그라드이며 그 외 지역은 폴란드령이다. 현재의 독일에 프로이센 시대의 영토는 거의 없다. 즉 유럽에는 고유영토라는 개념이 존재하지 않는 것이다. 터키공화국의 발상지는 현재 몽골고원이지만 마찬가지로 터키인 중 누구도 몽골고원을 조상 때부터의 고유영토라고 주장하지 않는다.

일본은 섬나라로 외적의 침입을 받은 적이 없어 일본만의 역사적 고유영토라는 말이 별 위화감 없이 들리겠지만, 세계인의 시야에서 보면 꽤 특이한 용어라는 것을 알아두어야 한다.

영토 문제에 관한 인간의 지혜는 결국 '한때 전쟁으로 쟁탈했지만 지금은 가능한 한 전쟁을 하지 않는다'는 점에 집약된다. 국경 분쟁은 대화로 푸는 것이 기본적인 국제 매너이며, 양자의 주장이 끝까지 일치하지 않을 때는 일단 실효지배를 인정한다는 것이 암묵적인 관행이다. 그리고 되도록 풍파를 일으키지 않고 지혜롭게 해결할 때까지 시간을 두고 기다린다.

그런데 노르웨이와 캐나다 사이에도 영유권 문제가 있다는 것을 알고 있는가? 북극권에 있는 섬으로, 양쪽 모두의 실효지배가 확립되지 않은 곳이다. 실효지배라는 방편으로도 해결되지 않아서 노르웨이와 캐나다 양국의 군대가 반년씩 교대하며 주둔하고 있다. 어느 쪽도 양보하지 않고 사실상 영토를 공유하고 있는 것이다. 이러한 예도 하나의 지혜라고 할 수 있다. 그곳은 추운 섬이라 밤에는 술 없이 견디기 힘들다. 반년씩 교대하다 보니 현장에서는 서로의 마음을 잘 알아서인지, 마시고 남은 술을 그대로 두어 상대방 국가에 선물이 된다고 한다. 앞으로 6개월간 수고하라는 뜻이 아닐까? 이런 형태로 영토 문제를 해결해가는 모습을 보면 인류의 진화를 믿고 싶어진다.

어디까지나
역사는 하나다

일본과 중국, 한국의 관계에는 역사 인식 문제도 있다. "역사는 하나가 아니며 민족의 수만큼 많다"고 말하는 사람이 있지만, 나는 이에 반대한다. 어디까지나 역사는 하나다.

3명이 회합을 한다고 해보자. 그리고 셋이 각자 기록을 하고 동시에 녹음기에도 남긴다. 100년 후 이 회합을 연구하는 역사가가 있어 이를 본다면 3명의 기록(1차 자료) 내용은 당연히 일치하지 않을 것이다. 각자 다른 곳에 역점을 두었기 때문이다. 하지만 녹음기 속 데이터(증거)가 발견되면 어떠한 회합이었는지 답이 나온다. 역사란 그런 것이다. 즉 다양한 자료와 문헌을 종합적으로 분석하며 개연성을 탐구하고, 동시에 녹음 데이터에 해당하는 것을 자연과학적 접근으로 찾아낼 수 있다면 역사는 하나라는 것이 명확해진다. 더 정확히 말하면 하나의 역사적 사실에 아주 가까워질 수 있다.

오랫동안 미나모토 요리토모의 상(像)이라고 여겨져온 진고지[1]의 3화상 중 하나가 사실은 아시카가 다다요시라는 것이 거의 완벽히 증명되었다. 분석을 통해 그림이 그려진 비단이 가마쿠라시대에는 없던 것으로 밝혀지는 등 다양한 논거가 나온 것이다.

이처럼 역사란 문헌과 자료를 종합적으로 감안하고, 자연과학의 힘을 빌려 그 시대에 무슨 일이 일어났는지 밝혀내는 작업이다. 과학이 진보할수록 조금씩 역사의 베일이 벗겨질 것이다. 그러한 노력을 성실히 쌓아가면 하나인 역사에 지극히 가까이 접근할 수 있을 것이라고 기대한다. 그래서 역사는 학문이다.

한편 성실한 노력 없이 자의적으로 해석하는 사람도 많다. 나치의 유대인 집단학살(홀로코스트)이 없었다고 말하는 사람이 있을 정도다. 하지만 그것은 대세가 아니다. 100년간 3번의 총력전을

---

1. 교토 북쪽 타카오(高尾)에 있는 고찰.

치른 프랑스와 독일은 가장 심하게 의견이 갈린 제1차 세계대전에 대해 양국의 학자가 공동 저술의 형태로 전쟁 역사서를 출판했다. 끝까지 적절한 자료를 찾지 못하고 의견이 대립한 부분은 양론을 병기하고 "이 부분은 끝까지 밝혀내지 못했으며 2가지의 다른 의견이 있어서 그대로 기록한다"는 말을 덧붙여두었다. 나중에 더 정밀한 자료가 발견되면 그것으로 판단해달라며 미해결인 채로 남겨둔 것이다. 이러한 겸허함이야말로 역사라는 학문의 진수라 할 것이다.

50년 단위로 생각해서 동아시아 학자들이 공동으로 제2차 세계대전사를 쓰는 날이 오면 비로소 동아시아가 평화로워지지 않을까? 그런 의미에서 《일·중 역사 공동연구 보고서》[2] 제1권, 제2권이 간행된 것의 의의는 결코 작지 않다고 하겠다.

애국심과 내셔널리즘은
전혀 다르다

애국심과 내셔널리즘은 전혀 다른 이야기라는 것을 알아둘 필요가 있다. 해외에서는 상식이

---

2. 기타오카 신이치(도쿄대학 법학부 교수), 부핑(중국사회과학원근대사연구소 소장) 공동 편저.

다. 일본은 제2차 세계대전 후 패전의 아쉬움을 원동력 삼아 부흥을 꾀했다. 1980년대에는 1인당 GDP가 결국 미국을 추월해 'Japan as No.1'이라고 말하는 단계까지 올라갔다. 거기까지는 좋았는데, 1990년대에 들어 냉전이 종결되고 인구가 감소 추세로 바뀌면서 정점을 찍고 내려와 현재는 GDP 기준으로 중국, 인도에 추월당하고 세계 4위로 떨어졌다. 일본은 이미 하강국면에 들어선 것이다.

그런 가운데 일부 사람들은 종전 후 일본이 지닌 자신감의 근원이었던 경제 면에서 중국과 인도에게 밀렸다는 점을 시기해 내셔널리즘을 전면에 내세우고 있다.

저명한 역사학자 존 루카치는《역사학의 장래》라는 책에서 "내셔널리즘은 열등감과 불의를 연결한 애국심"이라는 영국 외교관의 명언을 소개하고 있다.

애국심은 누구나 가질 수 있는 자연스러운 감정이다. 자기가 태어난 나라, 자라난 토지에 애착을 갖는, 본원적이라고 해도 좋을 감정이다. 그것은 본래 자기가 태어난 장소를 소중히 하고 지키려는 방어적인 심리다. 하지만 그 애국심이 열등감과 불의의 관계를 맺으면 타자에 대해 공격적이 되어버린다. 그것이 내셔널리즘이다.

따라서 애국심과 내셔널리즘은 전혀 별개의 것으로 생각해야 한다. 혐오 발언을 소리 높여 외치는 사람이나 장난삼아 혐중·혐

한을 부채질하는 사람은 그에 대한 분별이 없다고 봐야 한다. "세계의 미움을 받는 이웃나라, 세계의 사랑을 받는 일본" 이런 말을 들을 때마다 나는 슬퍼진다. 이런 말을 하는 사람은 평소에도 "A씨랑 B씨는 회사에서 따돌림을 당하고, 나는 회사에서 인정을 받고 있지" 식의 이야기를 아무렇지 않게 하고 다니지 않을까?

중국이 불안하면
일본이 힘들다

중국의 GDP는 이미 일본의 2배를 넘는 수준이다. 이러한 초대국(超大國)을 어떻게 상대해야 하는가? 참 어려운 문제다. 중국에 대해서는 긍정적인 정보와 부정적인 정보가 그야말로 산더미인데, 여기서는 나의 경험담을 좀 이야기해보려 한다.

1995~1997년 3년간 일본생명의 국제업무부장으로 일하던 시절, 중국에서 보험회사를 일으켜보려고 매달 베이징과 상하이에 출장을 다니며 당시 중국의 금융청에 해당하는 중국인민은행의 관계자와 교섭을 했다. 교섭 상대는 무척 터프한 사람이라서 애를 먹었는데, 비즈니스적인 면에서 보면 미국인과 많이 닮았다는 느낌을 받았다. 그도 그럴 것이 중국의 중견 간부급은 거의 모두 미국 MBA를 갖고 있다(개인적으로는 교섭 상대로 공격적인 미국인, 중

국인보다는 차분한 느낌의 유럽인을 선호한다).

처음 2개월 정도는 회식을 할 때도 통역을 통해서 이야기를 나누었지만, 매월 다니다 보니 점점 얼굴도 익고 편해져서 서로 통역 없이 영어로 이야기하게 되었다. 그러다가 나에게 조금 마음을 열었는지 흥미로운 이야기를 하기 시작했다. 그가 "일본은 참 재미있는 나라네요" 하기에 무엇이 그런지 물었더니 이렇게 대답했다.

"우리나라는 사회주의지만 금융에 대해서는 시장원리를 중시합니다. 그런데 일본은 겉으로는 자본주의를 외치면서 금융은 사회주의적이에요."

나도 어느 정도 속마음을 이야기하자 싶어서 이렇게 물었다.

"소련이 붕괴했으니 이번에는 중국 차례가 아닙니까?"

"데구치 씨, 그렇지 않아요. 중국은 끄떡없어요. 소련이 왜 무너졌는지 진짜 이유를 모르시지요?"

"아무래도 사회주의나 공산주의가 인간의 본성과 안 맞기 때문이 아닌가요?"

나의 물음에 그는 이렇게 답하며 웃었다.

"러시아에는 책이 거의 없어서 공부할 교재가 없어요. 나라를 다스리는 기술을 몰라서 망한 거지요. 우리는 마르크스, 레닌, 게다가 마오쩌둥을 읽는데다, 무엇보다 4천년의 통치 역사를 배우고 있어요. 중국은 절대 무너지지 않습니다."

묘하게 설득력이 있었다. 일본에서는 중국의 미래를 다소 비관적으로 보는 사람이 많지만, 미국과 유럽에서는 반대로 낙관적인 전망이 지배적이다. 어떤 학자는 이렇게 지적했다.

"공산당은 경제성장 없이는 정권이 유지되지 않음을 누구보다 잘 알고 있다. 시민을 풍요롭게 하는 것이 최대의 관심사다. 정부와 시민이 같은 방향을 향해 있으니 그다음은 지도층이 우수한지 아닌지의 문제다."

무엇보다 미국·유럽 사람들은 거대한 중국이 흔들리는 것을 두려워한다. 인권 문제 등이 너무 심하게 악화되지 않는 한, 공산당이라 할지라도 안정된 정권이기를 오히려 바라고 환영한다. 잘 생각해보면 중국이 흔들리면 가장 힘들어지는 것은 최대 무역상대국인 일본이다. 그렇게 생각하면 중국붕괴론 같은 극단적인 주장은 너무나 무책임하다.

중국 관료의 우수성

상하이의 푸둥신구에 국제공항이 새로 생겼을 때의 이야기다. 상하이 시내에서 약 30km 거리로, 시속 430km로 달리는 리니어모터카(자기 부상 열차)를 타면 7분 만에 도착할 수 있다.

당시 자동차를 이용해 공항에서 시내로 들어오면 도중에는 아무것도 없었다. 밤에 상하이 시의 공산당원 중 열 손가락 안에 드는 간부가 나를 맞으며 푸둥공항이 어땠냐고 묻기에 좋은 공항이라고 대답하면서 잠시 이야기를 나누었다. 공항에서 시내로 오는 길 주변은 아무것도 보이지 않는 허허벌판인데 어째서 그렇게 멀리 바다 가까이에 공항을 지었는지 궁금해서 물어보았다.

"상하이는 인구 2,000만명의 대도시입니다. 상하이에는 황푸강이 흐르고 있고, 가장 큰 번화가는 강의 서쪽에 펼쳐져 있지요. 강 동쪽은 데구치 씨가 말씀하신 대로 허허벌판입니다. 아시아는 앞으로 더욱 발전할 것이고 중국도 마찬가지입니다. 그때 상하이가 아시아의 금융센터 역할을 하길 바랍니다. 우리는 강 동쪽에 인구 2,000만인 도시를 하나 더 만들 계획이지요. 그래서 지금의 위치에 공항을 지은 것입니다."

그 말에 나도 모르게 감탄하고 말았다. 미래를 내다본 명확한 그랜드 디자인. 이것이 중국인의 발상인가 싶었다. 상하이 시의 간부가 이 정도의 시야를 갖고 있었다. 오사카 시의 간부라면 이 정도의 비전을 외국인에게 말할 수 있었을까?

중국의 관료들은 우리가 아는 것 이상으로 무척 똑똑하다. 일본 언론에서는 중국 관료들의 부정부패, 권력투쟁 등만 보도되어 좀처럼 실상을 보지 못하지만, 기본적으로 대단히 우수하고 맹렬히 경쟁한다. 약 23만명의 중국인이 미국 대학으로 유학을 간다.

일본인은 고작 2만명이다. 중국은 일본의 10배고, 일본은 중국의 10분의 1이다. 어떻게 표현하든 그만큼의 차이가 있다. 바탕이 되는 인구 자체가 10배니 어쩔 수 없다는 생각도 들지만.

미국 유학생이 23만명이나 되니 단순히 미국 유학을 다녀왔다는 정도로는 명함을 내밀기 힘들다. 어느 대학에서 공부했는지가 중요해진다. 하버드나 MIT급, 게다가 최우수 성적을 따오지 않고는 본전 찾기가 어렵다고 한다. 그래서 그들은 필사적으로 공부한다. 또한 그만큼 많은 젊은이가 유학을 하고 있으니 당연히 중국인과 미국인의 교류가 많아진다. 미국은 장래 일본과 중국 중 어느 나라 친구를 많이 갖게 될까? 진지하게 생각해봐야 할 부분이다.

차원이 다른 헝그리 정신의 중국 대학생

항저우의 저장대학 대학원에서 일본의 금융과 보험에 대해 강연을 해달라는 부탁이 있어 방문한 적이 있다. 2000년경의 일이다. 1998년 시카고대학 대학원에서 했던 나의 강의가 호평을 받았는데, 그때 청강생 중 저장대학의 학생이 있었던 것이다. 1주일 정도 머물며 3일간 일본어로 집중 강연하는 형태로, 항공료와 숙박비를 모두 부담해준다고 해서 승낙하고 다녀왔다.

그런데 막상 도착해보니 산둥성의 지난에서도 2일간 더 강연을 해달라는 것이었다. 침대차의 표까지 끊어놓은 상황이라 깜짝 놀랐지만 재미있겠다 싶어 야간열차의 승객이 되었다. 지난에 가면 통역을 붙여줄 테니 언어에 대해 걱정하지 않아도 된다고 했는데, 현지에 도착해보니 통역사가 없었다. 할 수 없이 영어로 지난의 2개 대학에서 2시간씩 강연을 했다.

파워포인트 자료 등도 모두 일본어이고 게다가 나의 영어 실력도 그다지 유창하지 않아서 걱정이 되었지만, 어떻게든 되겠지 싶은 마음으로 강연에 임했다. 내 이야기가 끝나고 질의응답 시간이 되었는데 거의 전원이 손을 들고 질문을 했다. 질문하는 학생들의 영어가 중국식이고 말이 너무 빨라 무슨 말인지 알 수 없어 심장이 철렁 내려앉았는데, 그것을 눈치챈 사회자가 "데구치 선생님이 알아들을 수 있도록 천천히 이야기해주세요" 하며 수습해주었다. 참 난감한 상황이었다.

학생들의 질문 내용은 놀라웠다.

"데구치 선생님의 이야기 중 중국의 회사와 일본생명이 합병해 생명보험회사를 만들려고 한다는 점은 잘 알겠습니다. 그렇다면 그 회사에는 토플을 몇 점 받아야 취직할 수 있습니까?"

돌직구랄까, 대단히 현실적이고 실천적인 질문들이 쏟아져나왔다.

강연을 마치고 대학 내 게스트하우스에 묵었는데, 그곳의 어둑한 접수대에서 한 대학생이 영문판 책에 푹 빠져 있었다. 내가 다가가도 모를 정도로 집중해 있어서 방 열쇠를 달라고 말하기가 망설여질 정도였다. 헝그리 정신이 일본인과는 비교가 되지 않았다. 이 에너지가 중국 고도성장의 밑거름이 되고 있는 것은 아닐까?

언론에서 전하는 이미지와 실제 모습은 다르다

라이프넷생명은 작은 벤처기업이라 여유가 별로 없어 기본적으로 인턴을 받지 않는데, 국제리더십학생단체(AIESEC)에 있던 직원이 중국인 학생 2명을 인턴으로 꼭 받아달라고 부탁한 적이 있다. 둘 다 명문대인 베이징대학과 상하이외국어대학의 학생으로 남녀 각 1명이었다.

학생들을 오게 해 이야기를 나눠보니, 남학생은 산둥성 출신으로 고향에서 베이징대학에 입학한 것은 자기 하나뿐이라고 했다. 그리고 자신은 공산당원이라고 소개를 했다. 어떻게 하면 공산당원이 될 수 있느냐고 물으니, 베이징대학에서 성적이 상위 10% 안에 들어야 하고 반에서 무기명투표를 해서 60% 이상의 지지를 얻어야만 지원 자격을 얻을 수 있다고 했다. 머리만 좋아서 되는 일이 아니라 똑똑하고 모두가 인정하는 인물이어야 공산당원에 지원할 수 있는 것이다.

남학생의 토플 점수는 104점이었던 것으로 기억하는데, 토플은 120점 만점이니 100점 만점으로 환산하면 약 87점이다. 일본어도 유창해서 어떤 식으로 공부했느냐고 물으니 오로지 테이프를 듣고 도서관에 있는 책을 읽은 것뿐이라고 했다. 나쓰메 소세키, 모리 오가이부터 무라카미 하루키까지 읽었다기에 그중 누가 가장 좋으냐고 물으니 나쓰메 소세키라는 답이 돌아왔다. 메이지시대의 일본이 지금의 중국과 닮았다는 느낌을 받았다고 했다. 주말에 나쓰메 소세키의 생가에 가서 성묘하고 꽃을 두고 왔다고 했다.

이것이 20대 중국 공산당원의 맨얼굴이다. 솔직히 우수성의 스케일이 다르다는 느낌을 받았다. 일본의 젊은이들은 그와 같은 인재를 상대로 경쟁해야 한다. 나중에 그 학생은 베이징으로 돌아갔지만 동일본대지진이 일어난 후 제일 먼저 안부 메일을 보내온 것이 그 학생이었다.

상하이외국어대학의 여학생은 이렇게 즐거운 3개월은 처음이라며 송별회 때 엉엉 울었다. 그 학생도 공산당원이었지만 나는 두 사람으로부터 공산주의 이데올로기적인 냄새는 티끌만큼도 느끼지 못했다.

언론에서 전하는 중국인의 이미지와 실제로 만난 중국인은 이렇게나 다르다. 추상적 관념으로 그려진 중국과 개별적, 구체적으로 만난 중국인 사이에는 큰 차이가 있다. 중국뿐만 아니라 우리가 해외 각국에 대해 생각할 때 언론에서 보이는 이미지만으로 판단하는 것은 꽤 위험한 일임을 알아두자.

난제 중의 난제, 원자력발전

에너지원을 수입에 의존해야 한다는 것은 일본이 지닌 숙명 중 하나다. 1970년대에 '유단(油断)'[3]이라는 단어가 시대의 키워드가 되었는데, 지금도 상황은 크게 변하지 않았다. 에너지 문제는 일본의 아킬레스건으로 계속 남을 것이다.

그 아킬레스건을 극복하기 위해 추진해온 것이 원자력발전이었다. 원자력발전은 일본의 에너지 문제를 해결해줄 것이라는 선전과 함께 1970년대부터 일관되고 적극적으로 개발이 시행되었다. 하지만 동일본대지진으로 인한 후쿠시마 제1원전 사고는 원자력과 일본의 관계를 뿌리부터 다시 생각하게 했다. 일단 심각한 사고가 일어나면 돌이킬 수 없는 심각한 피해를 입게 된다는

---

3. 일본의 작가 사카이야 다이치가 1975년에 발표한 소설 《유단!》으로 인해 일본에 '유단'이라는 말이 유행했다. 이 소설은 호르무즈해협 봉쇄로 석유 수입이 제한되면서 일본 사회가 고통과 혼란에 빠지는 모습을 실감나게 묘사한 경제 예측 소설이다. 원고는 1973년에 완성되었으나 실제로 세계적인 오일쇼크가 일어나면서 불안을 조장한다는 이유로 출판이 미뤄지다가 1975년에 출판되어 베스트셀러가 되었다.

사실이 새삼 부각된 것이다.

원자력 문제는 일본 내에 국한되지 않는다. 국경을 넘어 방사능이 비산하고, 해양오염도 일본만의 문제가 아니다. 지구 규모에서 생각해야 하는 문제다.

원자력 문제는 사람들이 생각하는 것 이상으로 어려운 주제다. 기술적인 원리로 보면 원자력발전은 '멈추고 식히고 봉인한다'는 3가지 방법을 한 세트로 완벽히 마치는 것 외에는 안전을 확보할 수 있는 방법이 없다. 이 3가지를 관리할 수 있어야 하는 것이 최소한의 의무다.

후쿠시마 사고에서는 원전을 멈추기는 했지만 식히고 봉인하는 것을 하지 못했다. 이 3가지를 언제라도 확실히 해결할 수 있는가? 이 점을 파고들어 검증해야 한다. 원자력발전소를 재가동하지 않으면 된다는 식의 단순한 문제가 아니다.

폐기물도 문제다. 발전소를 폐쇄한다 해도 폐기물 처분 문제를 피해 갈 수 없다. 고준위 방사성 폐기물을 10만년 이상이나 봉인하는 것이 정말 가능할까? 핀란드의 온칼로(지하 520m에 있는 최종 처분장)가 가동을 시작했지만 원자력발전의 장래에 대해서는 일본뿐만 아니라 전 세계에서 전문가들이 모여 냉정히 논의하고 또 논의해 세계인을 대상으로 한 안건을 내놓아야 한다.

놀라운 기세로 늘고 있는 에너지 수요

원자력이 그렇게 무섭고 위험한 것이라면 쓰지 않으면 되지 않느냐고 할지 모른다. 하지만 그렇게 간단히 끝나지 않는 사정이 있다. 현재 신흥국과 개발도상국의 에너지 수요는 놀라운 기세로 늘고 있다. 2030년의 세계 에너지 소비량은 현재의 1.4배에 달할 전망인데, 그 증가분의 절반은 중국, 인도 등 아시아에서 쓰일 것이다. 또 터키에서는 10년 안에 에너지 수입량이 배로 증가할 것으로 예측하고 있다. 이 국가들이 어떻게 에너지를 확보할 것인지가 큰 문제다.

화력발전으로 해결할 수 있을까? 그렇지 않다. 원유와 천연가스는 매장량에 한계가 있다. 세계적으로 보아 석탄은 아직 여력이 있지만 석탄을 파내기 위해 대단히 위험한 중노동을 하며 지금도 연간 수백명 규모의 노동자가 목숨을 잃는다. 원전사고보다 많은 사람이 계속 죽어가고 있는 것이다. 또 화석연료는 지구온난화에 영향을 미친다. 지구온난화에 대해서는 뒤에 좀더 이야기하겠다.

태양광발전이나 풍력, 조력 같은 재생가능 에너지는 어떨까? 미래의 에너지원으로 큰 기대를 모으고 있고 기술도 계속 발전하고 있지만, 아직은 비용이나 안정적인 공급 등에서 역부족이라 할 수 있다.

이처럼 원자력발전에 대해서는 다양한 관점에서 종합적으로 고민할 필요가 있고, 정확한 해결책을 끌어내기가 지극히 어려운 상황이다. 일본에서는 아직 동일본대지진의 트라우마가 생생하고, 나라 전체가 아직 냉정한 논의를 할 상황에 이르지 못한 면도 있으므로 앞으로 2~3년간 시간을 더 들여 모두 냉정한 머리와 침착한 마음으로 논의해야 한다. 그래야 그른 방향으로 나아갈 가능성이 줄어든다. 나 자신도 이 사건에 대해서는 아직 충분히 침착하지 않다는 생각이 든다.

후쿠시마 방사선에 대해서도 하야노 류고와 이토이 시게사토의 책《알고자 하는 것》처럼 걱정만 하지 말고 냉정해지자는 의견이 있는가 하면, 정반대되는 내용의 출판물도 많이 나오고 있어서 냉정하고 침착한 논의에 들어가기까지는 아직 시간이 꽤 걸릴 것이라 짐작된다.

온 인류의 지혜를 모아야 하는 지구온난화 문제

지구온난화는 일반적으로 생각하는 것보다 엄청나게 중요한 과제다. 에너지 문제보다 지구온난화 쪽이 훨씬 더 두려운 일일지도 모른다. 인간의 역사를 돌아보면 기후변동에 의해 문명의 성쇠가 크게 좌우되었음을 확실히 알 수 있다. 지구온난화는 인류가 직면한 여러 문제들 중에서도 기둥 중의 기둥이 되는 문제다.

인류는 아직 지구의 생태계를 제대로 이해하지 못하고 있다. 지구의 평균 기온이 2도 상승하면 어떤 일이 일어나는지 우리는 아직 잘 모른다. 이것이 바로 지구온난화가 두려운 진짜 이유다. 내가 처음 도쿄에 온 35년 전에 비하면 최근 도쿄의 기후는 크게 변했다. 이제 아열대 같은 분위기다. 태풍과 큰 비만 내려도 신칸센과 비행기가 곧잘 멈추는데, 온난화로 거대 태풍이 일어난다면 인간의 문명은 과연 이대로 유지될 수 있을까?

그럼에도 불구하고 "지구온난화는 거짓"이라는 둥 주장하는 학자들이 있다니 참 난감하다. 세계 각국에서 지구온난화와 관련해 음모론을 운운하는 자들이 있는데, 아마 제대로 된 학자라면 지구온난화를 우려하지 않는 사람이 없을 것이다.

최근 교토의정서의 정신이 홀대 받는 듯하다. 이산화탄소 등의 배출량을 감축하고 전 세계가 함께 지구온난화를 막아야 한다. 극단적으로 말하면 온난화를 멈출 수 있는지 여부가 지구상에 인류가 영속적으로 존재할수 있을지 없을지의 갈림길이 될 것이라는 느낌마저 든다. 실로 인류의 뛰어난 지혜가 필요한 때다.

9장

글로벌 인재가
되기 위한 기본기

영어를
포기하지 마라

당신이 세계로 눈을 돌리고 싶다면 영어는 꼭 필요하다. 사실상 영어가 세계공용어이니 좋고 싫음의 문제를 떠나서 이미 영어를 피할 수 없는 세상이다. 영어 실력 없이 세계 무대에 나가려고 하는 것은 신용카드나 현금(달러) 없이 해외여행을 하려는 것과 마찬가지다.

그런데 실제 업무에서 영어가 필요한 사람은 아직 많지 않고 현실에서는 영어로 대화할 기회도 별로 없다. 옳은 지적이다. 그러나 한편으로 토플 100점을 딸 능력이 있다면 세계가 달라 보이는 것도 사실이다. 구글에서 영어로 검색하는 것만으로 정보량이 5~10배 이상 많아지며, CNN이나 BBC도 실시간으로 시청할 수 있다. 세계 최고의 영미권 대학들은 다양한 문헌을 영어로 공개하므로 활용할 수 있는 자료가 현격히 넓어진다. 인터넷을 통해 MIT의 강의를 수강하는 것도 가능하다. 그렇게 생각하면 세상이 더 즐거워지지 않을까?

업무상 영어를 쓸 일이 없으니 공부할 필요가 없다고 생각하는 사람은 우물 안 개구리다. 토플 100점의 힘을 익히면 그 능력은 죽을 때까지 사라지지 않는 보물이 된다. 인생이 바뀐다고 해도 과언이 아니다.

글로벌 인재의 최저 라인은 토플 100점

앞에서 토플 100점을 기준으로 말했는데, 이것은 글로벌 인재가 되기 위한 하나의 관문이다. 토플은 120점 만점이므로 토플 100점은 100점 만점으로 환산하면 83점 정도가 된다. 이것이 최저 라인이다. 만약 미국과 유럽의 일류 대학에 가고 싶다면 110점을 넘어야 한다. 일본에는 토익이라는 시험이 있지만 세계 공통으로 참고하는 기준은 역시 토플이다.

중학교, 고등학교, 대학교에서 계속 영어를 공부함에도 불구하고 일본인의 영어 능력은 좀처럼 향상되지 않는다. 안타깝지만 일본인의 영어 능력은 아시아 국가들 중에서도 최저에 가깝다. 영어 교육의 내용을 다시 점검해봐야 할 때다.

현상황에서 토플 100점은 상당히 높은 장애로 느껴질지 모른다. 하지만 마음만 먹으면 불가능한 것도 아니다. 일본경제단체연합회, 경제동우회, 전국은행협회 등 잘나가는 경제단체들이 모여 "앞으로 우리는 토플 100점 이상 취득한 사람만 채용한다"고 발표하면 간단히 해결된다. 그러면 대학생들이 필사적으로 공부할 테고 일본인의 영어 능력도 향상될 것이다.

4년간의 대학생활 중 적어도 1년은 필사적으로 영어 공부를 하면 토플 100점을 딸 수 있다. 본인을 위한 것이고 일본 전체에도 큰 플러스가 된다.

재미있고 생생한 영어 공부법

옛날과 달리 현재는 영어를 공부할 기회가 실로 다채롭게 제공된다. 가볍게 공부를 시작할 수 있다. BS1채널에서는 매일 아침 〈월드 뉴스〉라는 프로그램이 방송되는데, 해외의 주요 뉴스를 핵심만 간추려 방송한다. 일본어와 현지어 2개 국어로 방송하므로 BBC와 ABC, CNN, 호주 ABC, 홍콩 ATV, 싱가포르 CNA, 필리핀 ABS-CBN 등을 보는 것만으로도 상당한 영어 공부가 된다. 영어 공부를 하면서 동시에 최신 세계 정보를 글로벌 시점에서 볼 수 있으니 그야말로 실천적이고 생생한 공부법이다. 또 BS1에는 〈ABC 뉴스 샤워〉라는 프로그램이 있다. 뉴스를 어학 방송으로 재편성한 것으로, 동시대적 영어 표현을 배우기에 좋다.

혹은 인기 있는 해외 드라마를 활용할 수도 있다. 지인 중에 《24》라는 드라마로 영어 공부를 한 사람이 있다. 좋아하는 드라마라면 몇 번을 반복해 보아도 질리지 않는다. 처음에는 영어로 보고, 다음에는 더빙판을 보고 또다시 영어판을 보는 식이다. 언젠가부터 등장인물이 무슨 말을 하는지 알아듣는 자신을 발견하고 무척이나 기뻤다고 한다. 자막 없이 영어권 영화를 보는 것도 좋은 방법이다.

외국어 실력은 의지의 문제다

지인 중 젊은 여성이 있는데, 영어에 능통해지고 싶어서 NHK의 라디오 강좌를 줄곧 들었다고 한다. 영어 회화 학원에 가거나 원어민 가정교사에게 배울 만한 여유가 없었지만, 라디오 강좌만으로 보기 좋게 프린스턴대학 유학을 마쳤다. 비싼 수업료를 내고 영재교육을 받지 않고도 라디오 강좌만으로 영어를 자신의 것으로 만들었다. 영어 습득은 의지의 문제에 지나지 않음을 몸소 보여준 것이다.

일본생명에서 일하던 시절 후배 직원 중에도 의지로 영어를 정복한 사람이 있다. 그 직원은 해외 유학을 꿈꾸고 있었다. 그런데 영어 시험을 쳐보니 편차치(偏差値)가 35밖에 되지 않았다. 그 점수로는 전혀 가능성이 없으니 편차치가 70은 되어야 한다고 말해주었고, 직원은 "그럼 70이 되면 추천해주실 거죠?" 하며 의지를 보였다. 그러마고 약속한 후 3년 만에 직원은 편차치 70을 보기 좋게 넘겼으며, 캘리포니아 버클리대학에서 유학을 했다.

못한다고 말하는 사람은 대부분 의지가 없는 것이다. 영어뿐만 아니라 무슨 일이든 3년 정도 필사적으로 노력하고 공부하면 어떻게든 몸에 익는다. 그 후로는 즐기며 계속할 수 있는 방법(시스템, 자기만의 규칙)을 만들면 된다.

업무 영어보다 어려운 사고 영어

나는 런던에서 3년간 주재원 생활을 했다. 44세에 처음 시작한 해외근무라 막 영국에 건너갔을 때는 영어를 거의 못하는 상태였다. 일단 해외근무가 결정되고 2개월간 영어회화 학원에 다니긴 했지만 크게 실력이 향상되지는 않았다.

그래서 현지에 도착한 후 꽤 고생했다. 상대가 무슨 말을 하는지 알아듣지 못하니 제대로 말할 수 있을 리가 없다. 말을 못하니 회화가 성립되지 않는 악순환이 매일 이어졌다.

그래도 점점 지식은 쌓였다. 익숙해지고 나서 깨달았지만 비즈니스에 필요한 영어는 지극히 한정적이다. 런던에서 내가 맡은 주된 업무는 융자(엔화 대출)와 증권투자였으므로 상대방의 대사는 대개 정해져 있었다. 이 주식을 사달라든지, 돈을 빌려달라든지, 환율은 어떠냐는 식의 용건이었다. 패턴을 깨닫고 나니 반쪽짜리 영어라도 어떻게든 되겠다 싶었다. 그런 식으로 의외로 빨리 일에 적응할 수 있었다.

그런데 정작 문제는 개인적인 사귐이었다. 이쪽은 그렇게 간단하지 않다. 식사 초대라도 받으면 그것이 그렇게 고역이었다. 그래서 내가 생각한 작전은 맨 처음 상대방의 취미나 흥밋거리를 묻는 것이었다. 일단 "당신은 무엇을 좋아합니까?" 하고 물어서 만약 "축구"라는 대답이 나오면 오로지 축구 이야기만 했다. 즉 영어 실력이 아닌 축구에 대한 지식을 활용한 것이다. 그럭저럭 대화가 이어졌다. 만약 내가 잘 모르는 것(하키 등)을 좋아하면 "그것 말고는 무엇을 좋아하세요?" 하고 내가 어느 정도 잘 아는 것이 나올 때까지 탐색했다. 그렇게 해서 3시간 정도는 어떻게든 버틸 수 있었다.

콘텐츠 없는 외국어 실력은 쓸모가 없다

영어를 잘 못해도 내가 알고 있는 주제에 대해서라면 어느 정도는 알아들을 수 있다. 단어만으로 예측이 가능한 것이다. 셰익스피어가 주제라면 셰익스피어의 작품을 모두 읽었으니 단어 몇 개만 알아도 대화가 가능하다. 부족한 듣기 능력을 지식으로 보완하는 것이다.

이렇게 실제 체험을 바탕으로 이야기해보면 영어 능력이라는 것이 듣기·말하기 같은 기술뿐만 아니라 상대방과 얼마나 공통의 화제, 주제를 공유하고 있는가, 즉 콘텐츠 능력도 큰 부분을 차지한다는 것을 알게 된다. 아무리 듣고 말하기 능력이 뛰어나도 무슨 내용인지 모르면 아무 쓸모가 없다.

상대방이 "나는 루소를 좋아해요" 하고 이야기를 꺼냈는데 루소의 저서에 대해 전혀 모르면 아무리 영어 능력이 뛰어나도 어쩔 도리가 없다. 반대로 듣기·말하기 능력이 고만고만해도 《에밀》에 대해 알고 있으면 단어를 쌓아가는 식으로 대화가 진전되므로, 루소를 좋아하는 상대방은 한층 고무되어 열심히 대화에 임할 것이다.

세계적인 리더들과 의사소통을 하려면 문학, 미술, 음악 등 문화적인 소양이 꼭 필요하다. 문학, 미술, 음악에 대해 아무 말도 못하면 재미없는 인간으로 여겨진다. "브람스는 몇 번을 좋아하세요?"라는 질문에 대답하지 못하면 그 순간 대화가 막힌다. 반대로 "저는 3번이 좋아요"라든지 "브람스는 별 흥미가 없지만 비틀스라면 팬이죠"라고 대답할 수 있다면 재미있는 사람이 되는 것이다. 참고로 나는 이스트반 케르테스가 지휘한 브람스 4번을 가장 좋아한다.

외국어 실력은 창피한 만큼 성장한다

외국어가 능통해지고 난 후에 외국인과 대화하겠다는 생각은 틀렸다. 외국어를 못해도, 창피를 당해도 일단 외국인을 만나고 보는 것이 정답이다.

런던 시절, 나도 얼굴을 붉힌 일이 꽤 많았다. 그래도 외국인이 파티에 초대하면 필사적으로 참석하고 끝까지 남아 있는 것을 규칙으로 정했다. 꽤나 괴롭긴 했지만 꿔다놓은 보릿자루라도 철저히 해보자며 각오하고 버텼다.

파티에 가면 처음에는 모르는 사람뿐이라 힘들지만 가끔 말 걸어주는 사람이 있다. 그럴 때는 짧은 영어로나마 열심히 대화했다. 파티에 참석하는 횟수가 늘수록 영어 실력도 조금씩 늘었다. "배우기보다 익혀라"라는 말이 정말 맞는 듯하다.

한번은 "우리 집은 리버풀인데 놀러 오지 않겠어요?" 하는 초대를 받은 적이 있다. 진짜 가도 되느냐고 물으니 "물론"이라고 하기에 다음날 비서를 통해 전화를 걸었더니 "미스터 데구치? 그런 사람 모르는데?"라는 대답이 돌아왔다. 나는 전화를 바꾸어 물었다.

"어제 파티에서 리버풀에 놀러 오라고 하셨는데요!"

"아, 당신이군요? 그래요, 놀러 오세요!"

이렇게 해서 리버풀까지 놀러 가 식사 대접을 받은 경험이 있다.

요컨대 외국어는 배짱이다. 바꿔 말하면 '부끄러운 경험을 얼마나 이겨내는가?'이다. 적극적으로 외국인과 교류하면 어학뿐만 아니라 외국인과 다른 나라들에 대한 이해도 절로 깊어진다. 당시에는 부끄럽고 식은땀이 났지만 나중에 돌아보면 나의 모든 실패는 대단히 귀한 경험이 되었다. 독자 여러분은 나처럼 악전고투하지 않기 위해서라도 빨리 토플 100점에 도달하길 바란다.

무엇보다 중요한 것은 모국어로 사고하는 힘

최근 일본에서는 영어 조기교육에 대한 논의가 뜨겁다. 몇 개 학교에서는 이미 시행하고 있고 시행착오도 거듭하고 있다. 득과 실 어느 쪽이 큰지가 논의의 초점이다.

영어는 글로벌 시대에 필수불가결한 기술 중 하나이므로 사고력을 키울 수 있는 기본적인 일본어 능력이 갖추어졌다면 영어를 조기교육하는 것도 큰 문제는 없다고 본다. 다만 현실적으로 현재 초등학교 선생님들에게 대응력이 있는지는 별개의 문제다. 만약 대응이 어렵다면 무리해서 조기교육을 하지 말고 현재까지 한대로 중학교 이후에 시작해도 상관없다고 생각한다. 영어 조기교육을 도입한다고 해도 어차피 주 4~5시간 정도이니 특별히 문제될 것은 없다.

만약 유아에게 영어를 가르친다면 기본적인 사고력의 바탕이 되는 모국어에 소홀해지지 않도록 주의해야 한다. 인간은 모어(mother tongue)를 기반으로 사고한다. 일본인의 모어는 일본어이므로 우선은 일본어 능력을 확실히 몸에 익혀야 한다. 영어 조기교육에만 몰두하다가 그 부분이 소홀해지는 것은 조금 우려스럽다. 모어의 발달을 해치지 않는 선에서라면 영어 조기교육은 긍정적으로 생각할 수 있다.

10장

생각하며
사는 삶

우리는
8,760 : 2,000으로
살고 있다

    2장에서 일본인은 이제 가치관을 전환해야만 하는 상황에 처했다는 이야기를 했다. 이전의 냉전구도를 대전제로 한 따라잡기 모델, 인구증가, 고도성장이 가능해서 '손놓고 있어도 성장하는 시대'는 갈라파고스의 꿈처럼 사라지고 다른 나라와 마찬가지로 냉혹한 현실이 도래했다. 새 시대에는 새 가치관이 필요하다. 이제 이 책의 마지막 부분에서는 앞으로 시대가 요구하는 가치관, 인생관은 어떠한 것인지 생각해보고자 한다.

    1년은 몇 시간일까? 1일 24시간 × 365일이므로 8,760시간이다. 그중 얼마나 긴 시간 동안 일을 하는지 생각해보면, 잔업시간을 넣어도 2,000시간 정도다. 인생에서 우리가 일하며 보내는 시간은 전체에서 약 20% 정도밖에 되지 않는다.

일본인은 예전 고도성장 시대의 성공 체험을 좀처럼 잊지 못하고 지금까지도 자신이 다니는 회사에 충성을 바치는 것을 지나치게 중시하는 경향이 있다. 아니, 충성은 고급스럽게 포장한 말이고 사실 '경제적 동물'(economic animal)이나 '사축'(社畜, 회사의 가축처럼 일하는 직장인)이라고까지 불린다. 고도성장 시대만큼은 아니지만 지금도 우리는 필요 이상으로 일을 우선시하고 가족과 자신에게 희생을 강요하거나 회사의 일원이라는 입장에 과잉적응하는 경우가 많다.

최근 제품의 원재료를 속인다든지 사내 데이터를 위조하는 등 직장 내 범죄가 속속 드러나고 있다. 담당자는 나쁜 짓이라는 것을 알면서도 회사를 위해 범죄행위로 손을 더럽히는 것이다. 우리는 회사의 일원이기 전에 사회의 일원이다. 그런데 상사의 명령이 마치 절대지령인 양 받아들이고 사회적으로 용납 받지 못할 일을 무심코 해버리는 것이다. 회사에 과잉적응한 것으로밖에 볼 수 없다.

현대 일본인의 가치관과 인생관은 직장과 일 쪽으로 지나치게 기울어 있다. 일 이야기는 잘하면서 문학, 미술, 음악, 역사, 종교에 대해서는 제대로 말하지 못하는 것은 이 때문이다.

일은
아무래도 좋은 것

　　가치관과 인생관은 사람마다 다른 고유한 것이므로 타인이 이래라저래라 강제할 수 없다. 가치관과 인생관을 강요받는 것만큼 싫은 것이 없다. 다만 의문을 나타내거나 참고의견을 덧붙이는 것 정도는 괜찮다고 본다. 그래서 이제부터 나의 속마음을 바탕으로 한 가치관과 인생관, 업무관을 어디까지나 참고의견으로서 말해보고자 한다.

　나로 말하자면 무슨 일이든 재미와 설렘을 중시하는 마음이 인생관의 밑바탕에 깔려 있다. 이에 공감하고 무언가를 얻어가거나, 아니면 그냥 지나치는 것은 물론 여러분의 자유다.

　나는 현재 라이프넷생명이라는 벤처기업의 회장 겸 CEO라는 위치에 있다. 이른바 경영자다. 경영자는 기업에 대해 큰 권리를 가짐과 동시에 큰 책임을 짊어진다. 그만큼 경영자에게 자신의 기업은 대단히 큰 존재다. 나는 당연하게도 라이프넷생명을 창업한 이래 과거 인생의 어느 시기보다 장시간, 필사적으로 일하고 있다.

　그럼에도 불구하고 인간에게 일이란 무엇인가 묻는다면 "아무래도 좋은 것"이라고 감히 말하고 싶다. 앞에서 말한 것과 같이 우리가 일하며 보내는 시간은 전체 인생의 20~30%에 지나지 않고, 일은 나머지 70~80%의 시간을 확보하기 위한 수단에 지나지 않기 때문이다.

가족과 친구는 대체할 수 없지만 일은 다른 것으로 바꿀 수 있다. 단순하게 양으로 비교해도 20~30%보다는 70~80%가 압도적으로 많다. 인생에서 중요한 것은 20~30%의 일(work)인가, 70~80%의 생활(life)인가? 고민할 필요도 없이 후자다. 그러므로 일은 아무래도 좋은 것이다. 그런 의미에서 일과 생활의 균형(work-life balance)이라는 말은 틀린 표현이다. '생활과 일의 균형'이라고 고쳐 불러야 한다. 일을 목숨처럼, 회사를 목숨처럼 여기는 가치관은 바꿔야 할 때가 왔다.

아무래도 좋다는 생각이 플러스가 된다

일은 아무래도 좋은 것이라고 말하면 "경영자가 일을 경시하다니!"라는 비난을 들을 듯하지만, 사실 이 생각은 회사와 일에도 플러스가 된다.

일은 아무래도 좋은 것이라는 가치관이 있으면 자신의 신념에 따라 마음껏 일할 수 있다. 일을 인생에서 최우선 사항으로 보고 회사를 절대시하면 "이런 말을 했다가 상사에게 미움 받지 않을까? 다른 사람들이 비웃지 않을까?" 하며 쓸데없는 것에 신경을 쓰다가 마음이 움츠러든다. 실패하면 안 되고 실수를 꼭 막아내야 한다는 자승자박에 빠진다. 하지만 일은 아무래도 좋은 것이라고 결론짓고 상대적인 시점에서 바라보면 다소 실패해도 자신의 인생에 큰 관계가 없고, 상사의 심정 따위 대단치 않은 것으로 여길 수 있어서 오히려 당당하게 자기 신념에 따라 일할 수 있다.

또 업무 스트레스로 인한 우울증, 심한 경우 자살로 이어지는 불상사도 막을 수 있다. 직원이 우울증에 걸리거나 자살하는 일은 심각한 문제이므로 이를 막을 수 있다면 회사에는 큰 플러스가 된다.

현재 일본에는 일로 인해 스트레스를 호소하는 사람이 대단히 많다. 사내 인간관계가 힘들고, 실적이 늘지 않아 고민하고, 상사와 관계가 좋지 않아 힘들고, 부하직원이 말을 듣지 않아 힘들고, 일 자체가 어려워 힘들고, 출세하지 못해 힘들고……. 일로 인한 스트레스가 넘쳐난다. 그러다보니 "상사가 최대의 노동조건"이라는 말까지 생겨났다. 사내 건강검진을 담당하는 의료기관 관계자한테서 일본에는 항우울제를 복용하는 직장인이 너무 많다는 이야기도 들었다.

힘들어하는 사람에게는 틀림없는 현실이지만, 한편 '8,760 : 2,000'이라는 단순한 수식이 머릿속에 있으면 겨우 20~30%를 차지하는 일 때문에 그렇게 힘들어할 필요가 없다는 생각이 들지 않을까? 하물며 자살 따위, 절대 할 필요가 없다. 이 간단한 산수를 몰라서 '일이 인생의 전부'라고 생각하고 상사에게 미움받을까 전전긍긍, '나는 글렀다'며 자기 자신을 파괴하고 있다니 안타까울 따름이다.

우리는 회사와 일을 너무 심각하게 짊어지고 사는 것이 아닐까? 출세하는 것이 성공이고 높이 올라가면 훌륭한 사람으로 대접 받는다. 높이 올라간 본인이 그렇게 생각하는 경우도 있다. 정말로 그럴까?

나는 회사에서 '최고위층'이라는 자리는 기능(機能)이라고 본다. 사장이 되고 회장이 되었다고 해서 딱히 그 사람의 인격이 향상되거나 인간적인 가치가 증대되는 것은 아니다. 출세란 극단적으로 말하면 단순히 기능이 바뀐 것이다. 기업에는 최고위층이라는 기능이 필요하고, 라이프넷생명에서는 그 기능을 내가 담당하고 있을 뿐이다.

과장과 부장도 마찬가지다. 조직 속에서 과장과 부장이라는 기능을 분담하고 있을 뿐, 결코 인간적인 가치의 문제가 아님을 명심해둘 필요가 있다. 회사에 과잉적응해버리면 출세나 좌천 같은 문제로 일희일비하게 된다. 심한 경우 회사 내 서열이 인간의 랭킹이라고 착각한다. 정말 바보스럽다.

일과 회사가 전부인 사람은 사실 일과 회사에 의존하고 종속되어 있을 뿐이다. 그러면 인간적인 시야가 너무 좁아진다. 일과 회사는 당신의 전부가 아니다. 그것을 깨달아야 비로소 다양한 교양에 눈을 돌릴 수 있다. 아무리 노력해도 일이 잘 풀리지 않으면 빨리 직업을 바꾸는 것이 좋다. 모두가 주어진 자리에만 머물러야 할 이유는 어디에도 없다.

인간의 문명이란
어차피 곰팡이 같은 것

세계의 광대함을 인식하면 일이나 회사 따위 실로 작은 존재라는 것을 알 수 있다. 조금 극단적으로 이야기해보자. 지구가 탄생한 후 46억년 정도가 흘렀고 호모사피엔스의 등장은 겨우 20만년 전의 일이다. 46억분의 20만은 0.00004이니, 지구의 시간축에서 보면 인류가 등장한 후의 시간은 겨우 0.004%에 지나지 않는다. 그야말로 일순간이다.

지구의 규모에서 보면 인간의 문명은 지구 표면에 달라붙어 있는 곰팡이 같은 것이다. 어떤 이는 국물 요리 위에 뜨는 거품이 딱 인간이 사는 공간이라고 말했다. 인류의 존재는 오차범위 정도일 뿐이다. 우리는 오차범위 안에 사는 존재이며, 항구적으로 지구 위에 존재할 수 있을지 어떨지 아직 모른다. 이것은 틀림없는 팩트다. 우리의 문명이 곰팡이급이라고 인식하고 나면 일이나 회사 따위 실로 사소한 것이라고 잘라 말할 수 있다. 지구의 역사에 관한 교양이 무의미한 고민과 스트레스로부터 여러분을 지켜줄 것이다.

곰팡이라고 하면 호주의 화가이자 건축가, 사상가인 프리덴슈 라이히 훈데르트바서가 떠오른다. 훈데르트바서는 1958년에 '곰팡이 선언'을 발표하며 세상에 알려졌다. 대량생산이 획일적인 규격을 강요하고 모든 것이 무기질이 되어가는 세계를 비판하며 그러한 경향이 특히 두드러진 건축에 곰팡이를 살려냄으로써 자유로운 인간성을 되찾자는 호소였다. 훈데르트바서에게 곰팡이는 인간성의 상징이었다.

지금 우리는 인간성을 유지하며 살고 있는가? 많은 노동자가 열악한 환경에서 일하고 기업은 비용삭감을 위해 직원에게 들이는 돈을 줄이고 있다. 그 결과 극단적인 경우 냉난방이 되지 않아 여름에는 사우나, 겨울에는 냉동고 같은 공간에서 일하고, 보이지 않는 곳에서 편의점 도시락을 10분 안에 입에 쓸어넣고, 산더미 같은 할당량을 채우기 위해 죽도록 일하는 사람들이 있다. 그렇게 목표를 달성했다 싶을 때 또 '하면 된다'는 식으로 노동량이 더 증가해 일주일, 열흘씩 회사에서 숙식하기도 한다. 기본적인 인권마저 보장되지 않는 노동환경이 만연하다. 블랙기업[1]이라는 말이 키워드가 되고 있을 정도니 훈데르트바서의 시대와는 또 다른 형태로 인간성이 억압 받고 있다.

우리의 문명은 곰팡이에 지나지 않지만, 동시에 훈데르트바서

---

1. 고용불안 상태에서 일하는 청년 노동자들에게 저임금과 장시간노동 등 불합리한 노동을 강요하는 기업을 이르는 말.

가 말한 의미에서도 '인간은 다양하고 다채로운 곰팡이'임을 잊
지 말아야 한다.

사회를 위해, 타인을 위해 살아가는 사람

회사에 의존하는 것은 결코 아니지만 일
에서 살아가는 보람을 느낀다고 말하는 사람도 있다. 사람은 일
을 통해 어떤 사회적 사명을 다하려는 마음가짐을 가진다. 인간
에게는 신기한 면모가 있어서 '세상, 타인, 대의를 위해'라는 말 앞
에 약해지는 것이다.

이런 나에게도 작게 품은 뜻이 있다. 현대는 젊은이가 가난한
시대다. 생명보험은 이제 일종의 사회적 인프라지만 젊은 세대는
생명보험에 가입하기가 어려워지고 있다. 지금 20대 가구의 연수
입은 평균 320만엔이다. 1인당으로 계산하면 170만엔이다. 비정
규직이나 니트족[2]이 많아서 그렇다. 이런 가계에서 월 1만5천~2
만엔이나 되는 생명보험료를 지불할 수 있을까? 도저히 무리다.

....

2. Not In Education, Employment or Training의 줄임말로, 일하지 않고 일할
의지도 없는 청년 무직자를 뜻하는 신조어다. 취업에 대한 의욕이 전혀 없기 때문에,
일할 의지는 있지만 일자리를 구하지 못하는 실업자나 아르바이트로 생활하는 프리
터족과 다르다.

즉 젊은이들은 생명보험이라는 인프라조차 누리지 못하는 것이 현재 일본의 실정이다.

분명 문제가 있다. 생명보험료가 적어도 절반으로 줄어들면 이들도 보험에 가입할 수 있다. 보험료를 반으로 줄여 안심하고 아이를 낳아 기를 수 있는 사회를 만들자는 생각이 동기가 되어 맨땅에서 라이프넷생명을 창업했고, 이를 나의 업무 신념으로 삼았다. '라이프넷생명 회장 겸 CEO'라는 내 직함도 이 임무를 실현하기 위한 역할이고 기능에 지나지 않는다. 출세나 유명한 경영자 같은 것은 나의 업무 신념과 거리가 멀다. 입신양명 따위는 신념의 핵심이 될 수 없다.

지금까지 한 이야기에서 알 수 있듯, 나는 자기가 하고 싶은 일을 하는 인생이 가장 멋지다고 생각한다. 머리에 넣어두어야 할 것은, 내가 하고 싶은 일은 인생 단계에 따라 다양하게 바뀌고, 또 바뀌어도 좋다는 사실이다. 그것이 일일 수도 있고, 그렇지 않을 수도 있다. 일이라면 오로지 그에 몰두하면 될 것이고, 일이 아니라면 생활 쪽에 충실하면 된다. 다만 자기 생활을 중시하는 경우라도 프로(≒ 사회인)가 된 이상 주어진 일은 제대로 해내는 것이 전제되어야 함은 말할 것도 없다.

회장의 일정을
직원이 마음대로
정하는 회사

라이프넷생명은 내가 창업자이므로 나의 신념과 가치관이 상당히 많이 반영되어 있다. 우리 회사에서는 무엇보다 합리성(숫자·팩트·논리)을 중시하고 무의미한 노동관행은 적극 배제하려 노력한다. 그리고 직원 하나하나가 '자기 머리로 생각하는 것'을 무엇보다 중요하게 생각한다.

내 일정은 사내 네트워크에 늘 공개되어 있다. 그리고 일정이 비어 있으면 일일이 나의 승낙을 기다릴 필요 없이 누구나 마음대로 내 일정을 짜넣어도 좋도록 규칙화되어 있다. 최고경영자의 일정을 이런 식으로 관리하는 기업은 흔치 않겠지만, 이는 지극히 합리적인 방법이다. 앞에서도 말했듯 경영자는 기업에 속한 기능 중 하나다. 제 기능으로 보다 원활히 돌아갈 수 있도록 하면 그것으로 충분하다.

일본생명에서 일하던 시절, 한 은행 임원으로부터 "일본생명 모 임원과 같이 식사하고 싶으니 조정을 좀 해주시겠습니까?" 하는 부탁을 받았다. 그래서 그 임원의 비서에게 가서 내용을 전했더니 "이날과 이날은 비어 있습니다"라는 답이 돌아왔다. 그래서 그 날짜로 조율해보겠다고 하니 비서가 이렇게 덧붙이는 것이다.

"제 수첩에는 그 날짜가 비어 있긴 한데, 상사가 본인의 수첩에 별도의 일정을 적어놓았을지 모르니 확인한 후 다시 연락을 드리겠습니다.”

그때 문득 '본인에게 묻지 않으면 안 된다니, 그럼 비서는 왜 있지?' 하는 생각이 들었다. 그 후 나는 내가 직접 일정을 관리하는 것을 그만두었다.

나는 직원들을 무조건 신뢰한다. 그들이 '이 자리에는 회장님이 나와주셔야 한다'고 판단하면 직접 내 일정에 넣는 거고, 나는 그 일정대로 일한다. “라이프넷생명은 무슨 부탁을 드려도 약속이 수월하게 잡히고 참 좋네요, 의사결정이 놀랄 만큼 빨라요”라는 말을 자주 듣는다.

나는 일정관리에 대한 규칙만 하나 짜놓았을 뿐이다. 규칙화를 통해 일이 생길 때마다 개별적으로 판단할 필요가 사라진다. 사사건건 개별적으로 판단하는 것은 번거롭고 시간이 걸린다. 규칙화해두면 나도 비서도 편하다. 기업 전체의 시간낭비도 줄어든다.

사람을 채용하는 독특한 기준

라이프넷생명은 채용에 관해서도 독특하다는 말을 듣는다. 라이프넷생명의 직원은 대부분 중도채용이다. 채용방법을 살펴보면, 우선 우리가 필요로 하는 자격조건을 공개하고 그에 맞는 사람의 지원을 받는다. 만약 재무직원을 모집한다면 '금융기관에서 재무에 3년 이상 종사한 경험이 있거나 공인회계사, 세무사 자격이 있는 사람'처럼 구체적으로 조건을 제시한다.

채용조건에 맞으면 다음은 궁합을 확인한다. 궁합은 직장생활에서 상당히 중요한 부분이다. 3명으로 구성된 재무팀에 1명을 채용할 때, 새 인물이 우수한 공인회계사라 할지라도 나머지 3명이 함께 일하고 싶어하지 않으면 팀이 잘 돌아가지 않는다. 사람 간의 궁합은 대단히 중요하다.

그래서 라이프넷생명에서는 원칙적으로 우선 해당 부서원이 지원자와 미팅을 하도록 한다. 가끔 "회장님이 결정하시는 게 아닌가요?" 하는 질문을 받는데, 채용하는 직원은 내가 아닌 해당 부서원들과 함께 일하게 되므로 해당 부서원이 먼저 만나보는 것이 훨씬 합리적이다. 궁합에서 문제가 없으면 임원면접을 해서 채용한다.

'100년 후 세계 1위 보험회사'가 라이프넷생명의 비전이다. 그래서 정기채용도 진행한다. 정기채용 대상인 신규졸업자의 정의는 딱 하나, '30세 미만'이다. 내년 봄 졸업예정자에 국한하지 않는다. 이것이 세계적인 기준에 가깝다고 본다.

경력이 아직 없는 신규졸업자를 대상으로 하니 되도록 어려운 주제를 내고, 자택에서 천천히 글자 수 무제한으로 논문을 써내도록 한다. 글이 곧 인품이라고 했다. 논문을 받아보면 남에게서 빌려온 것이 아닌 진짜 자기 의견을 얼마나 가지고 있는지 알 수 있다. 주제는 보통 '의학이 발달해 일본인의 평균수명이 100세를 넘었다. 그 경우 일본은 무엇을 준비하고 어떤 고민을 해야 하는가?' 식의 꽤 어려운 내용이다.

질문에 대한 답변도 다양하다. 결론은 그다지 중요하지 않다. 내가 주시하는 것은 그 사람이 '어떤 숫자를 사용하고 어떠한 팩트를 중시하며 어떻게 논리를 쌓아올리는가?' 하는 점이다. 요컨대 자기 머리로 생각하고 자기 언어로 표현하는지 보는 것이다.

이런 류의 주제는 '복사 & 붙여넣기'로 답할 수 없다. '현재 일본 경제가 지닌 과제는 무엇인가?' 식의 질문에는 복사 & 붙여넣기로도 그럴듯한 답변이 나올 여지가 있다. 하지만 베껴 쓴 모범답안이 무슨 의미가 있을까? 우리는 취업활동의 달인보다 자기 머리로 생각하는 사람을 중시한다. 벤처기업이 대기업과 같은 방식으로 사람을 채용하다간 이길 도리가 없다. 자본과 인력이 적으므로 사고방식도 대기업과는 다른 사람이 필요하다.

논문 쓰기는 시험 장소에 모여 제한된 시간 내에 쓰는 것이 아니다. 대학 공부를 방해하고 싶은 마음은 없으니, 완성되면 제출하는 방식으로 진행한다. 이미 다른 곳에 채용된 사람이 있을 수 있으니 기업설명회도 하지 않는다. 노력과 시간을 낭비하는 일일 뿐이다. 라이프넷생명에 대해 알고 싶다면 홈페이지에서도 찾아볼 수 있다. 물론 정보는 철저히 공개한다.

라이프넷생명의 채용방법은 일반적인 일본 기업들과 크게 다르지만 우리에게는 대단히 합리적이다. 세계적으로도 충분히 통용될 방법이라고 자부한다.

논리적인 사고의 기본은 국어 실력

라이프넷생명에서는 자기 머리로 생각하는지 판단하기 위해 논문 제출을 요구하는데, 듣자하니 적지 않은 기업이 논문 테스트를 없애고 있다고 한다. 논문을 다 읽는 것이 힘들다는 놀라운 이유 때문이다. 혹은 다들 써내는 내용이 비슷해서 무의미하다고 판단했기 때문이라고 한다.

하지만 면접만으로 채용했다가 나중에 기획서를 쓰게 하면 조사부터 잘못 쓰는 경우가 속출한다. 조사도 바르게 못 쓰는 사람이 조리 있는 사고를 할 수 있을 리가 없다.

일본어 문장을 제대로 쓰는지도 정기채용시 논문에서 확인할 수 있는 부분이다. 앞에서도 말했듯이 사람은 모어를 가지고 사물에 대해 생각한다. 일본인의 모어는 일본어. 아무리 영어가 유창해도 일본어가 부족하면 일본어로 생각하는 일본 기업에서 살아남을 수 없다. 때로는 5개 국어, 6개 국어를 하면서도 사고력이 애매한 사람이 있다. 모어가 부족한 사람이다. 일본어로 생각했다가 영어로 생각했다가 프랑스어로 생각했다가, 이렇게 생각이 왔다갔다하면 사고가 수렴되지 않는다. 국제결혼해서 아이를 낳은 부부가 집에서 주로 쓰는 언어를 정해놓는 것은 이 때문이다. 모어가 확실히 자리잡아야 아이의 사고가 혼란스러워지지 않는다.

인간의 능력은 거기서 거기다

라이프넷생명은 소수정예주의다. 그렇다고 해서 정예를 소수 모으는 것은 아니다. 소수이기 때문에 정예가 되어야 한다.

인간의 능력은 모두 거기서 거기다. 가장 빠른 인간인 우사인 볼트는 100미터를 9초 58에 완주한다. 나는 딱 12초지만, 세상에서 가장 빠른 인간과 비교해도 근소한 차이밖에 나지 않는다. 물론 한계 수준에서 0.1초를 줄이는 것이 얼마나 힘든지 잘 알고 있다. 그래도 2~3배나 차이가 나는 것은 아니다. 인간의 능력 차는 겨우 그 정도에 그친다.

그러므로 현실에서 일을 할 때는 능력 차이보다 궁합, 의지가 더 중요한 문제다. 직원에게 우사인 볼트가 되라고 요구하는 회사는 어디에도 없다. 100미터를 12~13초에 달려도 충분하다. 나는 오히려 함께 즐겁게 일하고 열심히 일할 의지가 있는 사람을 선호한다.

그리고 소수인 조직에서는 모두가 정예요원이 된다. 각각 9명과 7명으로 구성된 야구팀이 있다고 해보자. 실제로 어린 시절에 흔히 겪는 상황이다. 7명밖에 없는 팀은 부족한 부분을 메우기 위해 이루수와 유격수의 역할을 겸하거나, 중견수와 우익수를 겸한다. 유격수와 이루수 자리를 모두 수비하려면 열심히 달려야하므로 저절로 정예요원이 된다.

회사도 마찬가지다. 사람 수가 적으면 모두 정예요원이 된다. 소수가 정예를 만든다(이것이 과해서 과잉노동이 되면 안 되지만). 흔히 '내가 없으면 이 회사는 어떻게 돌아가지?' 하고 생각하는 사람이 있는데, 이는 망상이다. 직원 하나가 없어졌다고 망한 회사 이야기는 듣지도 보지도 못했다. 즐겁게 일하고 열심히 일할 의지만 있다면 일은 대부분 누군가가 메울 수 있다.

회의가 적어야 회의의 질이 올라간다

일본의 기업은 회의를 좋아한다고들 한다. 사실 몇 시간에 걸쳐 회의하는 일이 많다. 라이프넷생명에는 회의실이 몇 개 없다. 게다가 모두 응접실 겸용이다. 그리고 원칙적으로 회의실 사용 예약은 30분~1시간까지만 할 수 있다. 정보를 공유하는 회의는 30분, 의사결정을 하는 회의는 1시간이다. 회의시간이 가장 큰 낭비라고 믿는 나의 생각 때문이다. 극단적으로 말하면 별다른 용건도 없는데 형식적으로 주 1회 등 정기적으로 모이는 것은 어리석다(그런데 이것을 좋아하는 관리자가 많다).

정례회의에 참가한 직원은 대부분 회의 내용을 경청하지 않는다. 지난달 업무실적이 궁금하면 직접 조사해도 되고, 전달사항이 있으면 메일로 일괄적으로 보내면 끝이다. 정례회의 때문에 직원들의 행동이 제약을 받고 영업활동이나 타사와의 업무가 방해를 받는다. 또 회의에 모인 직원 전원의 노동시간 단가를 계산해보면 대체 얼마나 큰 낭비인가 싶다.

게다가 그 낭비를 깨닫지 못하고 타성에 젖어 계속하는 그것 자체가 나는 싫다. 회의실은 그 상징이다. 회의실에 쓰일 공간을 다르게 활용하는 것이 훨씬 생산적이다.

라이프넷생명에는 회의실이 몇 개 없지만 업무에 아무 지장이 없다. 회의실이 적으면 정말 필요한 회의만 하게 된다. 소수정예와 같은 원리다. 회의실을 줄이면 회의의 질이 향상된다. 일상적인 상의는 그 자리에서 바로 정해버리고, 몇 명이 모여야 할 필요가 있을 때도 응접실로 충분하다. 넉넉한 회의실은 어리석음의 정점이고 낡은 관습의 쓰레기장이다. 여러분 회사에도 그렇게 많은 회의실이 정말 필요한지 다시 생각해보기 바란다(그러고 보니 사보타주³의 교과서와도 같은 책에 "모든 일은 일단 회의를 열어서 충분히 검토하자고 계속해서 말하라"는 내용이 있었다).

비즈니스는
진심이 좌우한다

어떤 일을 할 때는 진심이 대단히 중요하다. 예를 들어 이야기해보자. 라이프넷생명은 온라인에서 보험을 판매하므로 이른바 외부 영업사원이 한 명도 없다. 그래서 고객의 전화를 받는 고객센터를 대단히 중시한다. 고객센터는 라이프넷생명에 있어서 고객과 직접적으로 만나는 몇 안 되는 접점인 것이다.

라이프넷생명의 고객센터는 2012년부터 현재까지 헬프데스크협회(HDI)로부터 3년 연속 생명보험업계 최고 등급 평가를 받았다. 그런 이유도 있고 해서 타사 임원이나 부장급으로부터 운영방법에 대한 질문을 자주 받는다. 많은 기업이 고객센터의 사기가 향상되지 않아 골머리를 앓고 있다. 입이 닳도록 "고객센터는 고객과 바로 만나는 곳이니 열심히 해달라"고 말해도 작업자의 근로의욕 조사 때마다 결과가 별로 향상되지 않는다는 것이다.

---

3. 노동쟁의의 한 전술로, 태업을 말한다. 노동자가 일부러 작업 능률을 저하시켜서 사용자에게 손해를 주는 행위다.

그런 질문을 받으면 나는 "당신은 얼마나 자주 고객센터에 방문합니까?" 하고 되묻는다. 그러면 "고객센터가 하치오지에 있어서 1년에 2~3번 가네요", "마쿠하리에 있어서 반년 전쯤 갔다 왔어요" 하는 대답이 돌아온다.

답이 나오지 않았는가? 라이프넷생명의 고객센터는 본사 안에 있고, 나는 개업 이래 휴일을 포함해서 거의 매일 고객센터에 얼굴을 내민다. 딱히 사기 진작을 위해서 가는 건 아니고 작업자들의 얼굴이 보고 싶어서다. 일하는 사람의 얼굴이 어두우면 고객 응대가 잘될 리 없고, 모두 방실방실 웃고 있으면 '작업이 잘되고 있구나' 하며 안심할 수 있으니 그 모습이 궁금해서 매일 가는 것이다.

그래도 결과적으로 상담원들의 의욕이 달라진다. 경영자가 매일 와서 "오늘 컨디션은 어때? 뭐 문제는 없고?" 하며 관심을 보이는 것만으로 '나는 중요한 부서에서 일하고 있다, 힘내자' 하는 기분이 자연히 솟아난다고들 말한다.

고객센터가 정말 중요하다고 생각한다면 자연히 발길이 향할 터. 고객센터가 중요하다고 아무리 입으로 말해봤자 반년에 한 번밖에 가지 않으면 직원들은 간단히 그 본심을 눈치챈다. 본인에게 진심이 없으면서 부하직원들에게만 진심을 요구하다니, 글러 먹었다.

고객센터를 진짜 중요하게 생각한다면 관리직인 자신이 진심으로 그렇게 생각해야 한다. 진심이 없으면 무엇을 해도 의미가 없다. 비즈니스는 진심이 전부다.

수첩은 쓰지 않고, 시계는 차지 않고

여기까지 읽었다면 알겠지만 나는 합리주의자이며 실질주의자다. 무슨 일이든 형식적인 것은 딱 질색이다. 무의미한 형식에 시간과 노력을 할애하는 것은 인생의 낭비라고 생각한다. 일본생명에서 일하던 시절 "합리적인 해결방법이 궁금하면 데구치에게 상의하라"는 말을 자주 들었다. 본질적, 합리적 사고를 하는 인간으로 여겨졌다는 생각에 칭찬의 말이라고 내 멋대로 해석했다.

개인적인 업무 스타일도 합리주의, 실질주의다. 앞에서 내 일정을 공개해 관리한다는 이야기를 했는데, 그 연장선상이기도 하고 필연적인 논리의 귀결로 수첩을 쓰지 않는다. 나는 서른살 즈음부터 쭉 수첩 없이 살았다. 서른살 당시, 꽤 바쁘게 일하느라 수첩과 노트 형식 스케줄러 2가지를 병용했다. 수첩은 양복 안주머니에 넣고 스케줄러는 회사 책상에 두었다. 그런데 이렇게 하면 항상 양쪽에 일정을 베껴 써야 했다. 한번은 베껴 쓰는 것을 잊어버려 실수를 저지르고 말았다. 두 곳에 일정을 쓰느라 이런 문제가 생겼다고 판단해 그 후에는 수첩 쓰기를 그만두었다.

막상 수첩을 버리고 나니 그걸로 족하다는 사실을 깨달았다. 혹시 출장지에서 "다음주 술 한잔 어떠세요?" 하고 초대 받으면 그 자리에서 회사로 전화해 일정을 확인했다. 수첩을 버리니 옷이 가벼워져 기분도 가볍고 좋았다.

손목시계 역시 서른살 무렵에 버렸다. 나는 성미가 급해서 누구를 기다리다가 상대방이 약속시간까지 안 오면 금방 안절부절 못하고 화를 낸다. 그러다 어째서 이렇게 안달복달하는가 생각해 보니 손목시계에 생각이 이르렀다. 그래서 손목시계를 버렸다.

시계를 차지 않으니 시간에 속박당하지 않고 즐길거리도 생겼다. 지금 몇 시 몇 분인지 맞춰보는 소소한 게임도 가능하다. 손목시계가 없어지면 시간에 대한 감각이 예민해진다. 길에 나가면 전철역 등 어느 곳에나 시계가 있으니 실제로 불편함을 느낀 적은 한 번도 없었다.

장시간 일하면서 생산성은 낮은 일본

라이프넷생명은 앞으로도 계속 자유롭고 합리적인 바람이 부는 기업이길 바란다. 직원들이 회사에 과잉적응하지 않았으면 한다. 한 사람 한 사람이 주체적으로 행동하고 자기 인생, 가족, 친구를 소중히 하고, 자기 머리로 생각하며 살아가기 바란다.

일하는 사람이 신바람 나고 설레는 마음으로 일하려면 이런 사풍(社風)이 필요하다고 생각한다. 무의미한 인습과 서열이 지배하는 기업은 새로운 시대에 적응할 수 없다. 노동자도 이제는 경제적 동물이나 사축에 멈춰서는 안 된다. 교양 있는 직원, 교양 있는 기업이 필요하다.

마차를 끄는 말처럼 몸 바쳐 일하고 사생활을 희생시켜 일한다 해도 고도성장기가 아닌 지금 그 희생이 성과로 이어지기는 힘들다. 이번 장 첫머리에서 일본인의 실질적인 연간 평균 노동시간이 2,000시간이라고 했는데, 유럽 각국은 이보다 훨씬 짧다. 잘 알려진 것처럼 유럽에는 바캉스라는 관습이 있고 장기 휴가를 잘 활용한다. 근무시간이 가장 짧은 네덜란드는 1,381시간, 그다음으로 독일이 1,397시간, 노르웨이가 1,420시간, 프랑스가 1,479시간으로 뒤를 잇는다(2012년 OECD 조사. 이 조사에서 일본은 1,745시간으로 나와 있다. 이는 비정규직 노동자의 증가로 인한 것이다).

유럽 사람들은 여름휴가를 1개월 이상 즐기면서 충실한 인생을 보낸다. 게다가 시간당 노동생산성도 1인당 GDP도 일본보다 높다. 우리는 어딘가 단추를 잘못 끼운 것이 아닐까?

다만 그들은 일할 때 집중도가 높다. 질질 끌다가 잔업하는 일 따위 없다. 합리적으로 일해서 낭비를 줄이고, 집중도를 높여서 생산성을 끌어올리고, 개인적으로 쓸 수 있는 시간을 제대로 확보한다. 일본인 노동자, 특히 화이트칼라는 노동시간이 길지만 노동의 질이 꼭 높다고 볼 수 없다. 그러면서 개인적인 시간을 희생해보았자 별 의미가 없다.

요컨대 우리는 더욱 팽팽하게 살아야 한다. 회사, 일에 종속된 의식을 바로잡는 한편 합리적인 방법으로 업무에서 낭비를 적극적으로 줄이고, 그만큼 사생활에 충실한 삶으로 바꾸어가야 한다. 그러면 저절로 인생의 보람이 느껴지지 않을까?

　예전에 《수퍼꼬마 퍼맨》이라는 애니메이션이 있었다. 후치코 F 후지오의 작품으로, 초등학생인 주인공 미쓰오가 어느 날 우주인으로부터 '퍼맨 세트'를 받아 퍼맨으로 변신해 활약하는 이야기다. 거기에 '카피로봇'이라는 것이 등장한다. 미쓰오가 퍼맨으로 변신해 있는 동안 대신 알리바이를 만들어주는 대역 로봇이다. 로봇의 코를 누르면 로봇은 순식간에 코를 누른 사람과 똑같이 변한다. 미쓰오가 퍼맨으로 출동할 때는 카피로봇의 코를 눌러 자신의 판박이를 만들어놓고 빈자리를 지키게 한다.

　카피로봇은 미쓰오 역할을 대신할 정도로 꽤 우수한 성능을 갖추고 있다. 운동 능력, 언어 능력, 사고 능력 모두 인간 그 자체라 할 수 있을 정도다. 코를 누른 사람과 똑같이 행동하고 주변 사람 누구도 모조품임을 눈치채지 못한다. 하지만 카피로봇은 코를 눌러줄 사람(모델)이 없으면 그냥 바보에 지나지 않는다. 그저 벽장 속에서 굴러다닐 뿐이다. 잠재된 가능성은 대단히 높지만 주체성이나 자주성이 없고 스스로는 아무것도 되지 못한다.

일본은 모델 없는 시대에 들어섰다. 예전처럼 미국을 본보기삼아 따라잡기를 목표로 하면 되는, 어떤 의미에서는 단순하고 행복한 시대가 종언을 고했다. 지금까지 일본은 카피로봇이었다. 본보기와 똑같은 일을 하면 발전할 수 있었다. 하지만 시대가 변했다. 일본은 과제(저출산, 고령화, 재정악화, 국제경쟁력 저하 등)만 많은 선진국이 되었다. 앞으로는 본보기 없이 스스로 길을 만들어나가야 한다. 카피로봇은 통하지 않는 시대가 온 것이다.

우리 개인도 마찬가지다. 남이 시키는 대로 하면 되는 시대는 끝났다. 한 사람 한 사람이 자기 머리로 생각하고 자기 삶의 방식을 정해야 한다. 자기 머리로 생각하는 것은 인간으로서 지극히 당연한 일이나, 종전 후 생각이 필요 없는 시대가 오래 계속된 여파로 우리는 이 당연한 것에 적응하지 못했다. 새로운 삶의 방식으로 옮겨가기 전에 지금의 험난한 노동환경 속에서 너무 피폐해져 있는지도 모른다.

약 10년 전 '하류사회'라는 말이 일본의 새로운 상황에 들어맞는 키워드로 주목을 받았다. 그 후 하류사회는 악화되기만 할 뿐개선될 기미가 보이지 않는다. 이대로라면 우리는 본보기가 없으면 위로 올라가지 못하는 국가, 혹은 시민이 되어버린다. 얼마나슬픈 이야기인가? 이것이 선진국 일본의 모습이 되어도 좋은가?

더 나은 사회를 만드는 원동력은 결국 모든 개개인의 삶에서 나온다. 일본은 민주주의 국가이므로 모두 투표에 참여해 어떤 당을 뽑을지, 어떤 당을 여당으로 만들지 결정하고 그에 따라 사회가 크게 바뀔 수 있다. 정부는 우리가 만드는 것이다. 우리가 현명한 선택을 하면 사회는 더욱 나은 방향으로 나아가겠지만, 그렇지 못하면 얼마든지 쇠퇴할 수 있다.

또 평소에 어떻게 살아가는지도 중요하다. 양심을 기반으로 현명하게 행동하고 발언할지, 혹은 편협한 사고에 사로잡혀 배타적이고 공격적인 태도를 취할지, 다른 사람의 선동에 휩쓸릴지, 아니면 자기 생각에 입각해 행동할지……. 이에 따라 세상은 크게 달라진다.

풍요롭고 즐거운 인생을 살고 싶으면 나름대로 노력이 필요하다. 아무것도 하지 않고 열매만 따려고 하는 태도는 글러 먹었다. 그런 손쉬운 길은 어디에도 존재하지 않는다.

교양이란 보다 나은 사회와 더 나은 인생을 실현하기 위한 무기다. 각자가 스스로 키워낸 교양을 바탕으로 우리가 꿈꾸는 생활, 꿈꾸는 세상을 만들어가야 한다. 우리는 언제까지고 카피로봇으로 있을 수 없다. 단순한 지식 축적이 아니라 교양을 행동의 원동력으로 삼아주길 기원하며, 이만 펜을 내려놓는다.

데구치 하루아키

과거의 인연으로 이 책의 집필을 맡게 되었습니다. 취재를 하기 위해 처음 만난 데구치 씨는 또랑또랑한 인품으로, 꾸밈이 없으면서도 심지가 느껴지는 사람이었습니다. '어설프게 하면 안 봐준다'는 느낌을 받아 긴장하던 기억이 납니다.

즐거운 취재 시간이었습니다. 어떤 것을 물어도 명료하고 적확한 대답이 돌아왔고, 게다가 모두 설득력 있는 답이었습니다. 그래서 단순히 글 소재를 얻기 위한 취재가 어느새 여러 가지에 대해 가르침을 받는 '데구치 학교'에 다니는 듯한 느낌으로 바뀌었습니다.

그 후 취재를 거듭하면서 저는 점점 '이 사람이야말로 일본의 리더가 되어야 한다'는 생각을 하게 되었습니다. 아마 본인은 "무슨 그런 귀찮은 일을 시켜" 하시겠지만, 라이프넷생명이라는 회사에 그치지 않고 언젠가 이 나라의 조타수 역할을 해주셨으면 하는 것이 저의 바람입니다.

지금 일본은 전에 없던 기로에 서 있습니다. 상승의 시대는 진작에 끝나고 인구감소라는, 겪어본 적 없는 국면을 맞이하고 있습니다. 본보기 삼을 대상이 없으니 우리는 개인적으로도 국가적으로도 자기 머리로 자기 길을 개척해나가야 합니다. '경제적 동물'은 이제 더 이상 통하지 않습니다. 지금만큼 각자가 지닌 '사람의 힘'이 필요한 적이 예전에는 없었을 겁니다.

많은 분이 꼭 이 책을 읽어주셨으면 합니다. 단지 잘 팔리기를 바라는 것이 아니라 '자기 머리로 생각하는 것'이 필요한 현재, 이 책 속의 내용이 귀한 도움이 될 것이라고 생각하기 때문입니다. 교양의 진짜 의미를 배울 수 있는 책이기도 합니다.

데구치 씨는 라이프넷생명의 직원들에게 "회사에 과잉적응하지 마라. 각자 자기 인생과 가족, 친구를 소중히 하고, 자기 머리로 생각하며 살라"고 말합니다. 실로 이 시대에 필요한 삶의 방식이 아닐까요? '데구치이즘'이 세상에 널리 침투하면 우리가 바라는 세상이 실현될 것이라고 생각합니다.

후지타 데쓰오

교양의 시대
왜 우리는 지금 교양인이어야 하는가?

초판 1쇄 발행 | 2016년 7월 22일
지은이 | 데구치 하루아키
옮긴이 | 이소영
펴낸곳 | 윌컴퍼니
펴낸이 | 김화수
출판등록 | 제300-2011-71호
주　소 | (03174) 서울시 종로구 사직로8길 34, 1203호
전　화 | 02-725-9597
팩　스 | 02-725-0312
이메일 | willcompany.willstyle@gmail.com
ISBN | 979-11-85676-30-2　03300

이 도서의 국립중앙도서관 출판예정도서목록(CIP)은 서지정보유통지원시스템 홈페이지
(http://seoji.nl.go.kr)와 국가자료공동목록시스템(http://www.nl.go.kr/kolisnet)에서
이용하실 수 있습니다.(CIP제어번호 : CIP2016016614)